CB002924

ANÁLISE ECONÓMICA DA LITIGÂNCIA

MIGUEL CARLOS TEIXEIRA PATRÍCIO

ANÁLISE ECONÓMICA DA LITIGÂNCIA

ALMEDINA

TÍTULO: ANÁLISE ECONÓMICA DA LITIGÂNCIA

AUTOR: MIGUEL CARLOS TEIXEIRA PATRÍCIO

EDITOR: EDIÇÕES ALMEDINA, SA
Rua da Estrela, n.º 6
3000-161 Coimbra
Telef.: 239 851 904
Fax: 239 851 901
www.almedina.net
editora@almedina.net

EXECUÇÃO GRÁFICA: G.C. – GRÁFICA DE COIMBRA, LDA.
Palheira – Assafarge
3001-453 Coimbra
producao@graficadecoimbra.pt

JANEIRO, 2005

DEPÓSITO LEGAL: 221729/05

Este trabalho é dedicado a meus pais e irmã.

Uma palavra de sincero agradecimento a todos aqueles que me apoiaram,
em particular ao Sr. Professor Fernando Araújo,
pela disponibilidade, dedicação e incentivo permanentes.

A versão que ora se apresenta corresponde, com ligeiras alterações e correcções,
à tese de Mestrado defendida na Faculdade de Direito da Universidade de Lisboa
em 20 de Maio de 2004, perante um Júri composto pelos Srs. Professores Doutores
António Sousa Franco, Nuno Garoupa (arguente),
Miguel Teixeira de Sousa (arguente), Soares Martínez e Fernando Araújo.

"What we want is a contemporary procedure, built on history, experience and foresight."

P. Lindblom et G. Watson, 1995

"Even if it is highly unlikely that solutions to these problems can be found without a continuous process of trial and error, and even if it is highly unlikely that solutions successfully adopted in one country can easily be transferred to others, it is just as certain that each country can draw on and profit from the experience of others, at least in order to avoid mistakes which others have already made."

F. Carpi et G. Di Federico, 1995

I
INTRODUÇÃO

1.1 – OBJECTO, RAZÃO DE ORDEM E FINALIDADE

O estudo que se apresenta tem por objecto a denominada *teoria económica da litigância*[1]. Não se pretende, evidentemente, uma análise exaustiva de todas as vertentes jurídico-económicas que possam contender com a matéria descrita, ou uma avaliação global e muito menos definitiva. O objectivo principal é apenas tentar contribuir para um entendimento melhorado sobre alguns aspectos, que reputamos como relevantes: 1) a avaliação dos motivos económicos que podem fazer espoletar casos de litigância; 2) a ponderação das vantagens e desvantagens económicas no recurso à litigância judicial ou a certas formas alternativas de resolução de litígios; e 3) quais as possíveis vias para a

[1] Cujas origens são normalmente associadas ao seguinte trio de artigos: LANDES, William M. – "An economic analysis of courts", in: *Journal of Law & Economics*, 14 (1), 1971, pp. 61-107; GOULD, John P. – "The economics of legal conflicts", in: *Journal of Legal Studies*, 2 (2), 1973, pp. 279-300; POSNER, Richard A. – "An economic approach to legal procedure and judicial administration", in: *Journal of Legal Studies*, 2 (2), 1973, pp. 399-458. Uma análise, mesmo que breve, da evolução histórica e metodológica da *Law and Economics* e dos seus antecedentes está voluntariamente colocada de parte – no entanto, deixa-se uma referência ao (rigoroso e interessantíssimo) artigo-síntese de ROWLEY, Charles K. – "Law-and-economics from the perspective of economics". In: NEWMAN, Peter – *The New Palgrave Dictionary of Economics and the Law*. London, MacMillan Reference Limited, vol. 2, 1998, pp. 474-486.

tentativa de resolução da tensão no binómio *justiça garantística/justiça célere*.

A escolha do tema proposto obedece a duas ordens de motivos: 1) o interesse em reflectir sobre uma área de cruzamento entre o Direito e a Economia; 2) a necessidade de fazer ressaltar a crescente importância do estudo da teoria *supra* mencionada para o aperfeiçoamento dos regimes processuais, tendo em vista a satisfação das necessidades de Justiça nas sociedades contemporâneas.

O plano do estudo desenvolve-se com a seguinte ordenação: I – *Introdução*; II – *A racionalidade na litigância*; III – *Acordo ou julgamento?*; IV – *A litigância frívola*; V – *Os custos económico-processuais da litigância*; VI – *Processos alternativos de resolução de litígios*; VII – *A litigância e a Economia*; VIII – *Considerações finais*.

Para assegurar a clarificação prévia dos objectivos subjacentes ao plano geral, afigura-se necessária a realização de uma síntese das funções de cada um dos capítulos.

Assim, no capítulo segundo procurar-se-á: 1) demonstrar como a análise custos-benefícios é natural ao raciocínio dos litigantes, pelo que se apresenta como vantajosa para a compreensão dos comportamentos tomados ao nível individual; 2) demonstrar – após uma breve passagem pelos seus pontos mais relevantes (e também mais tratados) – como a *teoria dos jogos* (entendível como uma espécie de *explicação trabalhada* sobre o *comportamento estratégico*) pode ser adoptada para uma análise do comportamento dos litigantes ao nível colectivo.

No capítulo terceiro, tentar-se-á: 1) destacar os custos ponderáveis na decisão de litigar ou estabelecer um acordo (averiguando as possíveis consequências dessa decisão, sejam elas privadas ou sociais); 2) avaliar da solidez das duas principais teorias avançadas para a explicação dos motivos que levam à decisão acima indicada (o modelo das *crenças exógenas* e o modelo da *informação assimétrica*); 3) determinar de que forma é que os custos de obtenção de informação condicionam essa mesma decisão.

O capítulo quarto visará, essencialmente: 1) a questão da *litigância frívola* e dos custos económico-processuais que acarreta; 2) a influência que o *mercado de advogados* e o erro judicial podem ter nesse tipo de litigância; 3) a análise de uma possível solução: a *rule 11* da *Federal Rules of Civil Procedure* (EUA). O capítulo quinto constituirá uma tentativa de avaliação (de alguns) dos reflexos económicos do julgamento: ao nível das regras de repartição de custos; dos custos económicos da mediatização processual; e de certas ineficiências legais e processuais (como a extensão e complexidade jurídico-legal, ou o atraso e erro judiciais).

O capítulo sexto tratará das formas alternativas de resolução de litígios, tentando aquilatar do mérito teórico e, na medida do possível, prático de algumas delas, enquanto o capítulo sétimo rematará o estudo com uma avaliação *macro*, pouco usual na metodologia da *Law and Economics*, mas necessária para uma visão ampla da influência (provável, mas nunca forçada) do comportamento de certas variáveis macro-económicas no nível de litigância (e vice-versa).

Por último, no capítulo oitavo, tentar-se-á sumariar algumas das ideias que foram sendo mencionadas ao longo do texto, aditando e adensando certos elementos, que antes tenham sido eventualmente apenas conjecturados.

II
A RACIONALIDADE NA LITIGÂNCIA

2.1 – CRITÉRIOS DE RACIONALIDADE NA LITIGÂNCIA

a) A Análise Custos-Benefícios

Parece poder observar-se, com facilidade, que a litigância obedece a *critérios de racionalidade*[2], comuns aliás a outras áreas do conhecimento; ou não se tratasse, afinal, de comportamentos humanos, orientados, em regra, por raciocínios de tipo hedonístico. A racionalidade observável e o grau de pureza da mesma dependem, naturalmente, de factores muito diversos, cuja análise extravaza o âmbito específico deste trabalho.[3]

---

[2] Sobre a ligação destes à análise utilitarista, vd.: RACHLINSKI, Jeffrey J. – "Gains, losses, and the psychology of litigation", in: *Southern California Law Review*, 70 (1), 2001, pp. 114 e ss..

[3] A este propósito, note-se a crescente literatura sobre a extensão da aplicação de princípios da Psicologia à forma de actuar dos litigantes (teoria comportamental ou *behaviourista*). Deixam-se algumas referências: HUANG, Peter; WU, Ho-Mou – "Emotional responses in litigation", in: *International Review of Law and Economics*, 12 (1), 1992, pp. 31-44; KOROBKIN, Russell; GUTHRIE, Chris – "Psychology, economics, and settlement: a new look at the role of the lawyer", in: *Texas Law Review*, 76 (1), 1997, pp. 77-141; EINHORN, Hillel J.; HOGARTH, Robin M. – "Behavioral decision theory: processes of judgement and choice", in: *Annual Review of Psychology*, 32, Febr. 1981, pp. 53-88; KOROBKIN, Russell; GUTHRIE, Chris – "Psychological barriers to litigation settlement: an experimental approach", in: *Michigan Law Review*, 93, 1994, pp. 107-192; SALES, Bruce D.; VANDENBOS, Gary R. (eds.) – *Psychology in*

Ainda antes de iniciar uma análise em detalhe dos critérios escolhidos, convirá realçar, mesmo que tal seja consabido, o carácter tendencial ou probabilístico dos comportamentos humanos; e, consequentemente, a necessária consideração de possíveis margens de erro ou desvios a padrões de comportamento expectável que, embora não afectando a validade geral dos critérios propostos, ajudam à compreensão ponderada dos *fenómenos de massa* e podem até permitir a antevisão de alguns dos efeitos de certas medidas.

Pode afirmar-se, com razoável segurança, que a ponderação custos-benefícios é natural ao raciocínio de qualquer indivíduo, o que pode ser aferido ao nível das decisões económicas individuais e, por uma extensão admissível, também ao nível das decisões colectivas. Embora seja facilmente observável essa ponderação, os elementos em que a mesma se baseia são por vezes pouco claros, podendo nem sequer ser percebidos pelos indivíduos. Logo, parece justificar-se uma análise desses mesmos elementos, podendo ainda divisar-se, genericamente, condicionantes de índole endógena e exógena.

No caso específico da litigância, a utilização desta ponderação parece, aliás, constituir uma evidência, pois o que leva um determinado indivíduo a colocar a sua questão em Tribunal é sempre o resultado de uma avaliação mais ou menos informada e cautelosa de custos e benefícios inerentes a essa decisão.

Essa ponderação engloba, de modo amplo, duas vertentes essenciais: a vertente da *micro-análise*, realizada por cada um dos intervenientes processuais (v.g., juízes, funcionários judiciais, advogados, litigantes); e a vertente da *macro-análise* ou análise das decisões aptas a produzir resultados socialmente benéficos. Ambas as vertentes se justificam e se complementam, até porque, como é evidente, a primeira das análises não tem por fim primeiro uma escolha socialmente satisfatória (apenas a maximização dos resultados individuais), e a segunda tem como objectivo essencial a escolha desejável à luz do *óptimo social*. Contudo, mesmo que se venha a considerar que, por via de regra, os

Litigation and Legislation. Washington, American Psychological Association, 1994, 216 p.; Rachlinski, Jeffrey J. – "Gains, losses, and the psychology of litigation", in: *Southern California Law Review*, 70 (1), 2001, pp. 113-185.

intervenientes num processo actuam sem avaliarem, mínima ou suficientemente, as consequências sociais (negativas) dos seus actos, não se poderá excluir a possibilidade de atitudes tipicamente *individualistas* serem capazes de produzir, ainda que de forma involuntária, resultados socialmente benéficos.

O primeiro dos instrumentos analíticos eleito para a consideração da vertente económica da litigância parece-nos ter que ser, pelo que acima ficou sumariamente dito, a denominada "análise custos-benefícios"[4]. Sendo por vezes marginalizada, visto ser recorrente a sua utilização, mesmo em áreas supostamente menos naturais, ela é, no entanto, justificadamente inevitável numa análise de *incentivos* – no fundo, aquilo que condiciona as escolhas feitas pelos indivíduos na sua participação no "mecanismo" (ou se se permitir a denominação estratégica, no "jogo") da Justiça.

Segundo Lester Lave[5], treze características essenciais surgem normalmente associadas à noção proto-típica da análise custos-benefícios. Elas são, sumariamente, as seguintes: 1) enumeração de um conjunto de objectivos a cumprir; 2) identificação da larga gama de opções que podem satisfazer esses mesmos objectivos; 3) utilização do método analítico e sistemático para a avaliação das implicações inerentes às opções disponíveis; 4) numa dupla perspectiva, dilucidação

---

[4] Genericamente, sobre esta, vd., p. ex.: FRANK, Robert H. – "Why is cost-benefit analysis so controversial?", in: *Journal of Legal Studies*, 29 (2), 2000, pp. 913-930; KINOSHITA, Tomio – "A cost-benefit analysis of enlarging the japanese judicial system", in: *Contemporary Economic Policy*, 20 (2), 2002, pp. 179-192; SUNSTEIN, Cass R. – "Cognition and cost-benefit analysis", in: *Journal of Legal Studies*, 29 (2), 2000, pp. 1059-1103; FRANK, Robert H.; SUNSTEIN, Cass R. – "Cost-benefit analysis and relative position". Chicago, John M. Olin Law & Economics Working Paper no. 102, August 2000, 36 p.; KNIESNER, Thomas J.; VISCUSI, W. Kip – "Cost-benefit analysis: why relative economic position does not matter". Syracuse, Syracuse University, Department of Economics, Working Paper 2002-001, March 2002, 20 p.; SUNSTEIN, Cass R. – "Cost-benefit default principles", in: *Michigan Law Review*, 99 (7), 2001, pp. 1651-1723; KORNHAUSER, Lewis A. – "On justifying cost-benefit analysis", in: *Journal of Legal Studies*, 29 (2), 2000, pp. 1037-1057.

[5] LAVE, Lester – "Benefit-cost analysis. Do the benefits exceed the costs?" In: OGUS, Anthony I. (ed.) – *Regulation, Economics and the Law*. Cheltenham, Edward Elgar, 2001, pp. 441-471.

do modo e dos termos em que se produzem os denominados *trade-offs* entre as diversas opções (a um nível individual, e colectivo por agregação); 5) encorajamento da procura de eventuais externalidades associadas à opção, existindo uma avaliação do peso específico das mesmas; 6) ponderação dos custos e benefícios distendidos no tempo, considerados numa decisão actual; 7) prossecução dos objectivos delineados tendo em vista a diminuição dos custos inerentes.

Outras características apontadas são: 8) utilização, dado o grau de flexibilidade, em ponderações que envolvem informação ou recursos reduzidos ou, pelo contrário, demasiado extensos para poderem ser devidamente tidos em conta através de qualquer outro método; 9) ponderação, com algum grau de fiabilidade, dos custos ou benefícios ainda não inteiramente conhecidos ou disponibilizados; 10) análise não exclusivamente centrada no interesse pessoal, podendo assim acautelar outros interesses, nomeadamente de ordem social; 11) ponderação da normal multidimensionalidade das situações; 12) encorajamento de uma *análise distanciada* (o que não significa que seja "verdadeira"), despida de valorações puramente subjectivas; 13) associação da decisão, ao nível da escolha social, à melhor opção disponível – presumindo-se que esta é a que globalmente melhor serve os interesses da sociedade.

Apesar deste rol, aparentemente convincente, de motivos justificadores de uma adesão metodológica à análise custos-benefícios, diversos argumentos são esgrimidos no sentido de colocar em causa a validade da análise.

Assim, poderíamos enumerar entre as principais críticas (fazendo--as acompanhar de contra-argumentos que possam permitir solidificar a nossa posição): 1) a análise custos-benefícios vê a sua eficácia claramente diminuída num ambiente "realista" de ignorância e incerteza, de "falha informativa" (não se vê método alternativo que possa obviar a este argumento, e é necessário notar-se que a análise pode ser feita com margens de erro e quantificações de desvios que permitam avançar cautelosamente); 2) os critérios de natureza ética têm difícil, senão mesmo impossível, quantificação, escapando à lógica inerente à análise custos-benefícios (é dificilmente desmentível que os *critérios éticos* encerram, em si, *critérios de eficiência*; de que forma é que se dá essa quantificação é outro aspecto a considerar – contudo, a ponderação é sempre possível).

Outras críticas habitualmente feitas são: 3) o(s) analista(s) transporta(m) consigo preconceitos que, mesmo que inconscientemente, condicionam o resultado da avaliação a ser feita (a lógica da análise custos-benefícios, em particular na óptica social, escapa à fácil manipulação – i.e., se for uma *value-free analysis*, os *comportamentos de massa* expectáveis impõem-se, sem resistência possível, ao analista); 4) a avaliação de questões "extra-mercado" fica minimizada ou é mesmo excluída, como seria o caso da Justiça ou ainda dos valores que representa (é um argumento que dificilmente colhe, visto ser a própria Justiça a recorrer, para essas questões, a formas de composição monetária – vd. o caso típico da avaliação monetária de danos morais); 5) as avaliações feitas são necessariamente circunstanciais, tanto no tempo como no espaço[6].

São ainda apontadas como críticas à análise custos-benefícios as seguintes observações: 6) a eficiência, subjacente à análise custos--benefícios, não é o critério prevalecente em diversos objectivos sociais, como será o caso da melhoria da qualidade ambiental (nada mais deslocado, porque embora a eficiência não seja o único critério, é sempre necessário, até naqueles casos em que a eficiência parece ter que ficar limitada em razão de outros objectivos atendíveis); 7) a racionalidade é condicionada por diversos factores, o que significa que a análise custos-benefícios assume uma *pureza racional* que não poderá alcançar (o contra-argumento invocado na observação n.º 3 também se aplica aqui, para além de que aquilo que os *comportamentos de massa* demonstram e permitem deduzir corresponde ao nível de racionalidade exigível/possível numa ponderação custos-benefícios); 8) tudo o que tem valor pessoal e não-monetário vê-se excluído (perspectiva equívoca pelo contra-argumento indicado a propósito da observação n.º 4).

Por último: 9) como decorrência da observação n.º 5, a análise custos-benefícios dificilmente valora (se é que valora) os custos e benefícios distendidos no tempo e a *taxa de valorização* ou *desvalo-*

---

[6] A análise custos-benefícios não parece pretender uma ponderação de carácter *transtemporal* ou *transpacial* (que, aliás, se afiguraria difícil e sempre discutível).

rização (inevitavelmente, a análise custos-benefícios actua também de acordo com previsões – cabe até perguntar qual o método fiável que não as contempla...); 10) como dificilmente é feita uma previsão (ou sê-lo-á de modo deficiente), a análise custos-benefícios ignora os efeitos em cadeia não esperados (mas se não são esperados, escapam com certeza à racionalidade exigida no momento da realização da mesma; e existirá algum método verdadeiramente fiável que contemple esses efeitos "não esperados"?); 11) duas análises custos-benefícios sobre um mesmo assunto podem ser díspares nas conclusões, sendo igualmente bem fundamentadas e produzindo resultados sociais igualmente benéficos (não se ignora essa possibilidade, mas apenas se se utilizarem argumentos distintos – se assim for, as duas análises custos-benefícios, unificadas, formariam uma análise custos-benefícios mais vasta, permitindo uma ponderação mais abrangente); 12) a análise custos-benefícios, do ponto de vista social ou de regulação, apenas deve ser aplicada nos casos que justifiquem o custo e os recursos necessários à realização da mesma (mais do que uma crítica, é uma delimitação correcta e aceitável).

A terminar, poder-se-ia mesmo levar *à raíz* a defesa da análise custos-benefícios, afiançando que esta, mais do que uma mera análise, é antes uma *meta-análise*, no sentido em que se constitui como a melhor para averiguar da própria legitimidade do recurso à mesma como ferramenta metodológica... Contudo, a discussão em volta da defesa (por muitos) e da recusa (por poucos) da utilização da análise custos-benefícios já pertence ao *passado recente*, uma vez que a *segunda geração* de controvérsias gira agora em torno, não da aceitação do método, antes da validade do conceito de "valor apropriado" para ponderação. Nessa geração incluem-se investigadores como Robert Frank e Cass Sunstein[7], segundo os quais a análise custos-benefícios pode conduzir a medidas que garantam ganhos absolutos, mas não tem (ou pode não ter) em conta os resultados atingidos sob o ponto de vista do posicionamento relativo dos destinatários das medidas – tome-se, como exemplo paradigmático dado por estes investiga-

[7] Vd. FRANK, Robert H.; SUNSTEIN, Cass R. – "Cost-benefit analysis and relative position". Chicago, John M. Olin Law & Economics Working Paper no. 102, August 2000, 36 p..

dores, o repto que é lançado ao leitor na escolha entre uma decisão com a qual ganha $110000 (e todos os outros $200000) ou, no cenário alternativo, em que ganha $100000 (e todos os outros $80000).[8]

Os *equilíbrios relativos* são também, em certa medida, vertentes sociais da análise custos-benefícios, mas vão mais além, na medida em que procuram gerir expectativas pessoais segundo raciocínios estratégicos. Assim, não será de estranhar que esta *segunda geração* de questões em torno da análise custos-benefícios acentue, talvez até de forma imprevista, a ligação entre a análise custos-benefícios e a *teoria dos jogos*[9].

---

[8] A escolha do cenário alternativo pode ser explicada com a ajuda do *efeito de demonstração* de Duesenberry.

[9] Sobre a *teoria dos jogos*, vd., v.g.: RASMUSEN, Eric – *Games and Information. An Introduction to Game Theory*. Cambridge, Cambridge University Press, 1989, 352 p.; AOKI, Reiko; HU, Jin-Li – "Allocation of legal costs and patent litigation: a cooperative game approach". N.Y. / Tamkang [Taiwan], Department of Economics (State University of New York), Department of Industrial Economics (Tamkang University), *paper*, August 1996, 36 p.; SCHMIDT, Christian – "Game theory and economics: an historical survey", in: *Revue d'Économie Politique*, 100e Année, n.º 5, 1990, pp. 589-618; DE GEEST, Gerrit – "Comment: game theory versus law and economics?". In: BOUCKAERT, B.; DE GEEST, G. (ed.) – *Essays in Law and Economics. Vol. II. Contract Law, Regulation, and Reflections on Law and Economics*. Antwerpen, Maklu, 1995, pp. 287-293; KERKMEESTER, Heico – "Game theory as a method in law and economics". In: BOUCKAERT, B.; DE GEEST, G. (ed.) – *Essays in Law and Economics. Vol. II. Contract Law, Regulation, and Reflections on Law and Economics*. Antwerpen, Maklu, 1995, pp. 267-285; PICKER, Randal C. – "An introduction to game theory and the law". Chicago, University of Chicago Law and Economics Working Paper no. 22, June 1994, 20 p.; MORGENSTERN, Oskar; NEUMANN, John Von – *Theory of Games and Economic Behaviour*. Princeton, Princeton University Press, 1947, 641 p.; GOEREE, Jacob K.; HOLT, Charles A. – "Ten little treasures of game theory and ten intuitive contradictions", in: *American Economic Review*, 91 (5), 2001, pp. 1402-1422; MOULIN, Hervé – "Une évaluation de la théorie des jeux coopératifs", in: *Revue d'Économie Politique*, 105e Année, n.º 4, Juillet-Août 1995, pp. 617-631; KIM, Iljoong; KIM, Jaehong – "Lawsuit as a signaling game under asymmetric information: a continuum types model". Seoul / Pohang, *paper*, Dec. 2000, 24 p.; TUROCY, Theodore L.; STENGEL, Bernhard von – "Game theory". London, CDAM Research Report LSE-CDAM-2001-09, October 2001, 39 p.; WEIBULL, Jörgen W. – "Testing game theory". Stockholm, SSE and RIIE, Working Paper no. 382, May 2002, 28 p..

Esta ligação justifica-se porque esta teoria permite antecipar comportamentos e expectativas que, de outro modo, permaneceriam desconhecidos e, em consequência, não entrariam normalmente na avaliação custos-benefícios. Por este motivo, pode afirmar-se que, na busca de soluções que sejam socialmente benéficas, a análise custos-benefícios e a *teoria dos jogos* tendem a ser virtuosamente complementares. Justifica-se, assim, uma análise de alguns dos aspectos fundamentais desta teoria, tendo em vista, sempre que possível, a sua aplicação específica à litigância.

b) A Teoria dos Jogos

i) *Introdução e* Esquisse *Histórica*

Antes de mais, deduz-se do que foi dito que a *teoria dos jogos* apenas encontra justificação se puder dar aos indivíduos condições para maximizarem as suas *utilidades* quando em interacção com outros indivíduos (ou *jogadores*). *Id est*, se acções *óptimas* ou *perfeitas* pudessem ser tomadas independentemente de acções ou reacções de outros jogadores, parece que não haveria motivo bastante para recorrer a esta teoria.

Dado que se trata, normalmente, de situações projectadas, é de esperar que os jogadores actuem, em regra, de modo racional. Essa actuação depende, numa primeira linha, de *avaliações subjectivas* feitas pelo jogador em função das suas necessidades, para além de *condicionalismos externos* da mais diversa ordem (física, económica,...).

O jogo[10], por mais básico que seja, apresenta pelo menos duas opções à disposição do jogador – ou, se se preferir outro termo, pelo

---

[10] Com um quadro bastante completo dos diversos tipos de jogos, vd.: KELLY, Anthony – *Decision Making Using Game Theory*. Cambridge, Cambridge University Press, 2003, p. 7.

menos duas estratégias[11] são possíveis. Para o delinear dessas estratégias, mesmo que básicas, torna-se necessário considerar, invariavelmente, o grau de informação que os jogadores dispõem.[12]

Os jogos são habitualmente representados por duas formas diversas (ver *infra*) que, em grande medida, traduzem a distinção feita entre jogos com *informação perfeita* e jogos com *informação imperfeita* – dito de outro modo, embora menos rigoroso, entre jogos com jogadas feitas de forma *sequencial* ou antes de forma *simultânea*. Disse-se "menos rigoroso" porque um jogo com jogadas feitas de forma *simultânea* tanto pode ser realizado com ou sem o conhecimento das estratégias dos outros jogadores (do mesmo modo, aliás, que um jogo com jogadas feitas de forma *sequencial* não implica, necessariamente, conhecimento e adaptação face às estratégias dos restantes jogadores).

Note-se que pode ainda ser equacionada uma hipótese mista – i.e., aquela que congrega, num mesmo jogo, jogadas realizadas de forma *sequencial* e *simultânea*. Jogos com esta estrutura mista (seja resposta simultânea e contra-resposta sequencial, seja resposta sequencial e contra-resposta simultânea) são jogos que denunciam falta de informação (num determinado grau) e que, por esse motivo, podem ser reconduzidos à categoria de jogos de *informação imperfeita*.

Os jogos de *informação perfeita* são, como resulta claro, aqueles que apresentam maior simplicidade. Fazendo uso de um processo de *indução regressiva* (ou *backward induction*[13]), os jogadores actuam

---

[11] Pode definir-se a *estratégia* como uma *pré-programação* das acções a tomar nas diversas fases de um jogo, a realizar ou em realização; ou apenas como um meio fiável de resposta a um qualquer tipo de comportamento que outros jogadores possam vir, hipoteticamente, a utilizar.

[12] Num jogo com *informação perfeita* para os intervenientes, é possível não só o rastreamento da história do jogo como a memorização dos comportamentos; num jogo com *informação imperfeita*, um ou vários jogadores vêem-se forçados, em dado momento, a decidir "às escuras".

[13] Sobre esta ver, v.g.: WEIBULL, Jörgen W. – "Testing game theory". Stockholm, SSE and Research Institute of Industrial Economics, Working Paper no. 382, May 2002, pp. 10 e s.; PETTIT, P.; SUGDEN, R. – "The backward induction paradox", in: *Journal of Philosophy*, 86 (4), 1989, pp. 169-182; AUMANN, R. J. – "Backwards induction and common knowledge of rationality", in: *Games and Economic Behaviour*, 8 (1), 1995, pp. 6-19; STALNAKER, R. C. – "Belief revision in

seguindo a sua estratégia linear e a do adversário (o que é admissível se houver uma limitação no número de jogadas). Essa estratégia linear pode ser facilmente observada por um dos modos de representação de jogos – os jogos *em árvore* (ou método *directed graph*), que se baseiam num conjunto de nós (ou pontos) interligados de forma sequencial e que demonstram o sentido da estratégia.

Esse tipo de representação permite verificar, com relativa facilidade, como é que um jogador pondera as acções mais compensadoras. Como é natural, esta ponderação pessoal nem sempre é, por si só, garantia de êxito, dado que os outros jogadores podem actuar de modo distinto do previsto, fazendo avaliações não coincidentes. Ainda assim, é um dos tipos de representação mais frequentemente utilizado, em especial para jogos com jogadas *sequenciais*, dado que permite verificar o posicionamento cronológico das acções dos diversos jogadores.

Não é esta, contudo, a representação mais utilizada ou, se se preferir, aquela que se encontra vulgarizada. A preferência pela utilização de matrizes na representação de jogos decorre da capacidade que estas têm de mostrar de imediato o resultado das interacções em qualquer das estratégias escolhidas.

Os jogos representados sob a forma de matriz são habitualmente denominados como jogos na forma *normal* (ou *normalizada*) ou na forma *estratégica*, enquanto que jogos representados sob a forma de *árvore* são habitualmente denominados como jogos na forma *extensiva*. Estas denominações, embora relacionadas, não são equivalentes, uma vez que os jogos na forma *extensiva* utilizam informação sobre as jogadas, sobre os jogadores e sobre a percepção do sentido global do jogo, algo que não está normalmente presente nos jogos na sua forma *normal* ou *estratégica*. Contudo, pode afirmar-se que os jogos na forma

---

games: forward and backward induction", in: *Mathematical Social Sciences*, 36 (1), 1998, pp. 31-56; WALLISER, Bernard – "Les justifications des notions d'équilibre de jeux", in: *Revue d'Économie Politique*, 112e Année, n.º 5, Sept.-Oct. 2002, pp. 704 e ss.; BINMORE, K. – "Rationality and backward induction", in: *Journal of Economic Methodology*, 4 (1), 1997, pp. 23-41.

extensiva podem ser decompostos ou divididos em múltiplos jogos, interligados na forma *estratégica*.

Fazer uma análise aprofundada de toda a evolução da *teoria dos jogos* escapa aos objectivos desta exposição, visto torná-la desnecessariamente complexa e mesmo porventura fastidiosa. Assim sendo, far-se-á, apenas, uma análise sintética de alguns dos principais contributos que justificam um tratamento específico, visto serem os primeiros alicerces da *teoria dos jogos* – o caso dos *jogos de soma zero*, analisados inicialmente por John von Neumann (1928) e desenvolvidos (por este e por Oskar Morgenstern) na conhecida obra *The Theory of Games and Economic Behaviour* (1944)[14]; do *dilema do prisioneiro* de Albert Tucker (1950)[15]; e do *equilíbrio de Nash* (1950)[16].

Os *jogos de soma zero* ("zero-sum games") caracterizam-se pela inevitabilidade da maximização das vantagens de um ou vários jogadores à custa dos restantes – i.e., os ganhos de uns reflectem-se, na mesma proporção, nas perdas dos outros, de tal modo que, no fim das contas, o resultado geral do jogo (e de cada uma das parcelas) se traduz num valor invariável (0 ou outro valor de soma fixa). Suponha-se, a título de exemplo de jogo de *soma zero* de 2 jogadores (A e B), o

---

[14] NEUMANN, J. von; MORGENSTERN, O. – *Theory of Games and Economic Behavior*. Princeton, Princeton University Press, 1944.

[15] Ver, sobre este *dilema*, v.g.: SCHMIDT, Christian – "Les héritiers hétérodoxes de von Neumann et Morgenstern", in: *Revue d'Économie Politique*, 105e Année, n.º 4, Juillet-Août 1995, pp. 1003-1014; NEVES, João César das – "Memorial: cinquentenário da publicação de «Theory of Games and Economic Behaviour» de J. von Neumann and O. Morgenstern, 1944", in: *Economia*, 18 (1), 1994, pp. 149-174.

[16] Ver, sobre a importância de John Nash: RULLIÈRE, Jean-Louis – "L'indétermination et la méthode de John F. Nash", in: *Revue Économique*, 51 (5), 2000, pp. 1169-1184; CRAWFORD, Vincent P. – "John Nash and the analysis of strategic behaviour". San Diego, University of California, Discussion Paper 2000-03, January 2000, 6 p.; MYERSON, Roger B. – "Nash equilibrium and the history of economic theory", in: *Journal of Economic Literature*, 37 (3), 1999, pp. 1067-1082; *eiusdem*, "John Nash's contribution to economics", in: *Games and Economic Behavior*, 14 (2), 1996, pp. 287-295.

seguinte cenário (em representação *estratégica*), onde os valores apresentados são medidos em *utilidades*:

		B			
		t1		t2	
A	s1	-1	1	1	-1
	s2	1	-1	-1	1

Verifica-se, pela leitura da matriz, que o jogo de *soma zero* é também de *soma constante*, i.e., qualquer que seja a estratégia, não há alteração do *payoff* total (= 0).

Numa situação de perdas reflectidas em ganhos, o equilíbrio pode ser encontrado através do critério *maximin* e *minimax*, i.e., através de uma escolha que se traduza no máximo dos valores mínimos (ou no mínimo dos valores máximos) possíveis de entre todas as hipóteses, independentemente da actuação de oponentes. Assim, suponhamos o seguinte exemplo, relativo a um jogo de *soma fixa* (10):

		B						A	
		t1		t2		t3		Max / Min	
A	s1	9	**1**	1	**9**	2	**8**	(s1) 1 / 9	
	s2	6	**4**	5	5	4	**6**	(s2) 4 / 6	
	s3	7	3	8	**2**	3	7	(s3) 3 / 8	
B	Max / Min	(t1) **1 / 4**		(t2) **2 / 9**		(t3) **6 / 8**		(6, 4)	*Saddle point*

Nos casos apresentados, os jogos são de *soma zero* (sem que o somatório dos *payoffs* tenha que ser 0) e independentes de memorização, do tempo ou da informação. Embora a utilidade teórica seja indiscutível, parece difícil a adequação à generalidade dos fenómenos económicos e sociais.

Uma das primeiras perturbações introduzidas nesta análise *estática* foi a da hipótese do *dilema do prisioneiro*, de Albert Tucker.[17] Nesta hipótese, o objectivo seria o de configurar o comportamento de dois criminosos que são apanhados em flagrante delito pelas autoridades e que são colocados perante a dúvida de confessar ou não o crime.[18]

As possibilidades sugeridas são as que se seguem: 1) se ambos confessarem, implicando-se mutuamente, terão que cumprir 10 anos de prisão; 2) se só um confessar implicando o outro, livra-se de qualquer condenação e faz o outro incorrer em 20 anos; 3) se nenhum confessar, ambos cumprem 1 ano de prisão. Parte-se do princípio que o jogo é *irrepetível* e *não cooperativo*:

		B			
		Confessa		Não Confessa	
A	Confessa	10	10	0	20
	Não Confessa	20	0	1	1

[17] Formalização matemática de um conceito inicialmente exposto pelos cientistas Merrill Flood e Melvin Dresher. Sobre este dilema vd., por exemplo: Picker, Randal C. – "Simple games in a complex world: a generative approach to the adoption of norms". Chicago, University of Chicago Law and Economics Working Paper no. 48, June 1997, pp. 3 e ss.; Nalebuff, Barry – "Prisoners' dilemma". In: Newman, Peter – *The New Palgrave Dictionary of Economics and the Law*. London, MacMillan Reference Limited, vol. 3, 1998, pp. 89-95; Kreps, D.; Wilson, R.; Milgrom, P.; Roberts, J. – "Rational cooperation in the finitely repeated prisoner's dilemma", in: *Journal of Economic Theory*, 27 (2), 1982, pp. 245-252; Stuart Jr., Harborne W. – "Common belief of rationality in the finitely repeated prisoner's dilemma", in: *Games and Economic Behaviour*, 19 (1), 1997, pp. 133-143.

[18] As implicações do *dilema do prisioneiro* na litigância podem ser particularmente reveladoras no que respeita aos mecanismos de produção de prova.

Qual a solução a dar a este tipo de jogo? Se ambos optassem pela solução 10/10, atingiriam o *equilíbrio de Nash* (= *equilíbrio das estratégias dominantes*[19]); se ambos optassem pela solução 1/1, atingiriam o denominado *óptimo de Pareto*. Porque nenhum está disposto a ir para a prisão, o resultado do jogo, tal como está formulado, redunda, de forma provavelmente indesejada, num assinalável prejuízo para ambos.

O equilíbrio pode, naturalmente, não ser único. Tome-se o seguinte exemplo de um jogo *não cooperativo*, na forma *estratégica*, medido em *utilidades*, onde se notam dois *equilíbrios de Nash* (s1/t1; s2/t2). Por qual deles optar? Em princípio, a escolha dependerá de aspectos não estritamente matemáticos, como o incentivo ou desincentivo institucional (p. ex., o *focal point* de Schelling, 1960), ou privado (p. ex., o conceito de *risk-dominance* de Harsanyi e Selten, 1988), associado a um dos equilíbrios.[20]

		B			
		t1		t2	
A	s1	20	25	5	5
	s2	5	5	20	25

Apesar do interesse prático que suscita – e que parece resultar da constatação de que comportamentos racionais podem ter, quando em interacção, reflexos negativos para os intervenientes num jogo –, o *dilema do prisioneiro* não esconde os seus pontos fracos (na forma

[19] Utilizando a notação de E. Rasmusen (1989, p. 33) – s_{-i} como a combinação de estratégias para cada jogador excepto para o jogador i, π como o valor do *payoff*, e s^* como uma estratégia que conduz ao *equilíbrio de Nash* – o *equilíbrio de Nash* dar-se-á quando o jogador não tem incentivo para alterar a sua estratégia, desde que os outros jogadores também não alterem as suas, ou o mesmo é dizer: $\forall i, \pi_i(s^*_i, s^*_{-i}) \geq \pi_i(s'_i, s^*_{-i}), \forall s'_i$.

[20] Vd., sobre este assunto, v.g.: MYERSON, Roger B. – "Learning game theory from John Harsanyi", in: *Games and Economic Behavior*, 36 (1), 2001, pp. 20-25.

primeva), entre os quais caberia mencionar a desconsideração de três ou mais jogadores em interacção (embora estudos mais avançados não façam essa desconsideração), a irrepetibilidade das jogadas (logo, não se admitiriam *estratégias adaptativas* – estudos mais avançados contemplam a repetibilidade), ou mesmo a falta de comunicação entre jogadores (estudos mais avançados ponderam essa falta). A análise actual de interacções mais complexas parece, assim, justificar-se.

Feita a análise sintética de três dos pilares da *teoria dos jogos*, cabe agora fazer também uma análise, tão breve quanto possível, da evolução registada nesta área e das potencialidades que comporta. Como é sabido, apesar de existirem antecedentes desta teoria em nomes como James Waldegrave (1713)[21], Augustin Cournot (1838)[22], Francis Ysidro Edgeworth (1881)[23], E. Zermelo (1913)[24], ou Émile Borel (1921-7)[25], parece relativamente indiscutida a datação da

[21] WALDEGRAVE, James Earl (1713) – "Waldegrave's comments: excerpt from Montmort's letter to Nicholas Bernoulli". In: BAUMOL, W. J.; GOLDFELD, S. M. (eds.) – *Precursors in Mathematical Economics: An Anthology*. London, London School of Economics and Political Science, 1968, pp. 7-9. Como é sabido, a moderna *teoria das probabilidades* tem raízes que remontam a meados do séc. XVII – vd. as cartas entre Chevalier de Mere e Blaise Pascal e entre este e Pierre de Fermat (1654-1660), ou os escritos de Christiaan Huygens ("De ratiociniis in ludo aleae", 1657) e Gerolamo Cardano (*Liber de Ludo Aleae*, 1564?, *vulgarizado* em 1663).

[22] COURNOT, Augustin – *Recherches sur les Principes Mathématiques de la Théorie des Richesses*. Paris, L. Hachette, 1838. Ver também: COURNOT, Augustin – "Sur les applications du calcul des chances à la statistique judiciaire", in: *Journal de Mathématiques*, Tome III, Juin 1838, pp. 257-334.

[23] EDGEWORTH, F. Y. – *Mathematical Physics: an Essay on the Application of Mathematics to the Moral Sciences*. London, Kegan Paul & Co., 1881.

[24] ZERMELO, Ernst F. – "Über eine Anwendung der Mengenlehre auf die Theorie des Schachspiels", in: *Proceedings of the Fifth International Congress of Mathematicians*, II, Cambridge (22-28/8/1912), 1913, pp. 501-504.

[25] BOREL, Émile – "La théorie du jeu et les équations intégrales à noyau symétrique", in: *Comptes Rendus Hebdomadaires des Séances de l'Académie des Sciences*, 173, 1921, pp. 1304-1308; BOREL, Émile – "Sur les jeux où interviennent l'hasard et l'habileté des joueurs", in: *Association Française pour l'Advancement des Sciences*, 1923, pp. 79-85; BOREL, Émile – "Un théorème sur les systèmes de formes linéaires à déterminant symétrique gauche", in: *Comptes Rendus Hebdomadaires des Séances de l'Académie des Sciences*, 183, 1926, pp. 925-927; BOREL, Émile – "Algè-

moderna *teoria dos jogos* nos trabalhos iniciais de John von Neumann (1928)[26]. Esses trabalhos centravam-se em áreas como o *teorema do minimax* ou a análise de jogos na forma *extensiva*.

Em 1930, com o livro *Problems of Monopoly and Economic Warfare*, Frederik Zeuthen propõe uma solução para o *bargaining* que John Harsanyi viria, mais tarde, a demonstrar ser uma antevisão do actualmente denominado "equilíbrio de Nash".[27]

Em 1934, R. A. Fisher descobre a solução para o problema de cartas "Le Her" apresentado (e primevamente resolvido?[28]) por James Waldegrave, divulgando-a no artigo "Randomisation and an old enigma of card play" (in: *Mathematical Gazette*, 18, pp. 294-7). Em 1938, Jean Ville apresenta uma prova mais detalhada do *teorema do minimax*[29] (aliás seguida por von Neumann e Morgenstern na sua obra magna de 1944).

Theory of Games and Economic Behaviour, de 1944, representa, sem dúvida, o primeiro trabalho em profundidade sobre a denominada *teoria dos jogos*. Nesta obra podem encontrar-se tópicos de investigação cujo tratamento formal ainda não foi superado, como é o caso dos jogos de *soma zero* para dois jogadores e da noção de *jogo cooperativo* (*maxime*, com *transferência de utilidades*). Mas o reflexo maior da obra advém claramente do seu carácter fortemente axio-

---

bre et calcul des probabilités", in: *Comptes Rendus Hebdomadaires des Séances de l'Académie des Sciences*, 184, 1927, pp. 52-53.

[26] De entre os quais se destaca: NEUMANN, John von – "Zur Theorie der Gesellschaftsspiele", in: *Mathematische Annalen*, 100, 1928, pp. 295-320. Sobre os antecedentes da obra de 1944, vd., v.g.: LEONARD, Robert J. – "From parlor games to social science...", in: *Journal of Economic Literature*, 33 (2), June 1995, pp. 730-761.

[27] HARSANYI, J. C. – "Approaches to the bargaining problem before and after the theory of games: a critical discussion of Zeuthen's, Hicks', and Nash's theories", in: *Econometrica*, 24 (2), 1956, pp. 144-157.

[28] Sobre a autoria da solução vd.: OSBORNE, Martin J.; WALKER, Paul S. – "A note on «The Early History of the Theory of Strategic Games from Waldegrave to Borel» by Robert W. Dimand and Mary Ann Dimand", in: *History of Political Economy*, 28 (1), 1996, pp. 81-82.

[29] Vd., a este respeito: VILLE, Jean – "Sur la théorie générale des jeux où intervient l'habilité des joueurs", in: BOREL, E.; VILLE, J. – *Applications de la Théorie des Probabilités aux Jeux de Hasard*. Paris, Gauthier-Villars, 1938, pp. 105-113.

mático, tendo sido, por isso, adoptado com extraordinária rapidez por vários cultores da ciência económica.

Como prova disso, note-se que, logo em 1945, Herbert Simon realiza uma das primeiras críticas à obra de von Neumann e Oskar Morgenstern[30]; em 1946, Lynn Loomis, num artigo denominado "On a theorem of von Neumann"[31], consegue a primeira demonstração inteiramente algébrica do *teorema do minimax*; e em 1950 é editado, por H. Kuhn e A. Tucker, *Contributions to the Theory of Games, Volume I*.[32]

Em 1950, Melvin Dresher e Merrill Flood, na altura na *Rand Corporation*, levam a cabo experiências que se situam nos antecedentes do conhecido *dilema do prisioneiro*. Como se sabe, o autor reconhecido é, no entanto, Albert W. Tucker, com o artigo "A two-person dilemma".[33] Também pela mesma altura, Howard Raiffa conduz experiências sobre o *dilema*, de que não resultaram, contudo, trabalhos publicados.

Entre 1950 e 1953, John F. Nash contribuirá, e de forma decisiva, para o estudo dos jogos *não cooperativos* e da teoria do *bargaining*. Nos artigos "Equilibrium points in n-person games" (1950)[34] e "non-cooperative games" (1951)[35], Nash prova que existe um equilíbrio

---

[30] SIMON, Herbert A. – "Review of the book Theory of Games and Economic Behavior by J. von Neumann and O. Morgenstern", in: *American Journal of Sociology*, 50, 1945, pp. 558-560. Outras recensões de 1945: COPELAND, A. H. – "Review of the «Theory of Games and Economic Behavior»", in: *Bulletin of the American Mathematical Society*, 51, pp. 498-504; HURWICZ, Leonid – "The theory of economic behavior", in: *American Economic Review*, 35, pp. 909-925.

[31] LOOMIS, L. H. – "On a theorem of von Neumann", in: *Proceedings of the National Academy of Sciences of the United States of America*, 32, 1946, pp. 213-215.

[32] KUHN, Harold W.; TUCKER, A. W. (eds.) – *Contributions to the Theory of Games, Volume I*. Princeton, Princeton University Press, 1950. Os volumes seguintes datam de 1953, 1958 (com um terceiro editor, P. Wolfe), e 1959 (com A. W. Tucker e R. D. Luce).

[33] TUCKER, A. W. (1950) – "A two-person dilemma". Stanford University [publicado, mais tarde, com o título "On jargon: the prisoner's dilemma", in: *UMAP Journal*, 1, 1980].

[34] NASH, J. F. – "Equilibrium points in n-person games", in: *Proceedings of the National Academy of Sciences of the United States of America*, 36 (1), 1950, pp. 48-49.

[35] NASH, J. F. – "Non-cooperative games", in: *Annals of Mathematics*, 54 (2), 1951, pp. 286-295.

estratégico para os jogos *não cooperativos* e propõe o denominado "Nash program"[36]. Para a teoria do *bargaining* escreverá os artigos "The bargaining problem" (1950)[37] e "Two person cooperative games" (1953)[38], nos quais explana a denominada "Nash bargaining solution".

Em 1952, os primeiros resultados da investigação levada a cabo por Dresher e Flood são tornados públicos, com um *Rand Corporation research memorandum* (RM-789) titulado "Some experimental games" (= *Management Science*, 5, 1958, pp. 5-26). É também de 1952 a primeira conferência sobre *teoria dos jogos*, realizada em Santa Monica, com o patrocínio da Universidade de Michigan e da *Ford Foundation.*

A introdução e desenvolvimento do conceito de *core*[39] dá-se também por esta altura, com L. S. Shapley (com o *Rand Corporation research memorandum* "Notes on the n-person game III: some variants of the von Neumann-Morgenstern definition of solution", RM-817, 1952) e Donald B. Gillies (com *Some Theorems on N-Person Games* [Tese de Doutoramento apresentada na Universidade de Princeton], 1953). A ideia base é a de que o *core*, a existir, corresponde a uma *posição chave* (ou conjunto de resultados) no jogo, que não pode ser melhorada mesmo através de um qualquer tipo de coligação. No artigo "A value for n-person games"[40], Lloyd Shapley virá a definir o denominado "Shapley value" (valor atribuído a um jogador de acordo com

---

[36] Sobre este, vd. v.g.: TROCKEL, Walter – "On the Nash program for the Nash bargaining solution". Bielefeld, Institute of Mathematical Economics, Working Paper no. 306, March 1999, 20 p..

[37] NASH, J. F. – "The bargaining problem", in: *Econometrica*, 18 (2), 1950, pp. 155-162.

[38] NASH, J. F. – "Two person cooperative games", in: *Econometrica*, 21 (1), 1953, pp. 128-140.

[39] Sobre este conceito, vd. v.g.: SHAPLEY, L.; SCARF, H. – "On cores and indivisibility", in: *Journal of Mathematical Economics*, 1 (1), 1974, pp. 23-37; MOULIN, Hervé – "Une évaluation de la théorie des jeux coopératifs", in: *Revue d'Économie Politique*, 105e Année, n.º 4, Juillet-Août 1995, pp. 621 e ss.; TELSER, Lester G. – "The usefulness of core theory in economics", in: *Journal of Economic Perspectives*, 8 (2), Spring 1994, pp. 151-164.

[40] SHAPLEY, L. S. – "A value for n-person games". In: KUHN, H. W.; TUCKER, A. W. (eds.) – *Contributions to the Theory of Games, Volume II*. Princeton, Princeton University Press, 1953, pp. 307-317.

o número de coligações potencialmente vencedoras em que participa de forma não redundante).

Em 1954, são feitas algumas das primeiras aplicações práticas da *teoria dos jogos*, nomeadamente através do artigo de L. Shapley e Martin Shubik, "A method for evaluating the distribution of power in a committee system" (onde se utiliza o "Shapley value" para a determinação do poder dos membros do Conselho de Segurança das Nações Unidas).[41] De questões de estratégia militar decorreriam desenvolvimentos teóricos, como seria o caso da análise dos *differential games*, desenvolvidos por Rufus Isaacs em meados dos anos 50 (publicaria três *Rand Corporation research memoranda* em finais de 1954 e no início de 1955). E a filosofia encontraria igualmente pontos de contacto com a *teoria dos jogos*, como se prova com o livro de Richard B. Braithwaite *Theory of Games as a Tool for the Moral Philosopher*, de 1955.[42]

Em 1959, é introduzida a noção de "strong equilibrium" por Robert Aumann.[43] Também nesse ano, M. Shubik publica *Strategy and Market Structure*[44], comummente considerado como um dos primeiros livros a aplicar a análise de jogos *não cooperativos* aos oligopólios e também um dos primeiros a expôr o "folk theorem"[45].

---

[41] SHAPLEY, L. S.; SHUBIK, M. – "A method for evaluating the distribution of power in a committee system", in: *American Political Science Review*, 48 (3), 1954, pp. 787-792.

[42] BRAITHWAITE, R. B. – *Theory of Games as a Tool for the Moral Philosopher*. Cambridge, Cambridge University Press, 1955.

[43] AUMANN, R. J. – "Acceptable points in general cooperative n-person games". In: LUCE, R. D.; TUCKER, A. W. (eds.) – *Contributions to the Theory of Games, Volume IV*. Princeton, Princeton University Press, 1959, pp. 287-324.

[44] SHUBIK, Martin – *Strategy and Market Structure: Competition, Oligopoly, and the Theory of Games*. N.Y., Wiley, 1959.

[45] Ver, sobre este: BAIRD, Douglas G. – "Game theory and the law". In: NEWMAN, Peter – *The New Palgrave Dictionary of Economics and the Law*. London, MacMillan Reference Limited, vol. 2, 1998, pp. 194 e s.; WEN, Q. – "The «folk theorem» for repeated games with complete information", in: *Econometrica*, 62 (4), 1994, pp. 949-954; GOSSNER, O. – "The folk theorem for finitely repeated games with mixed strategies", in: *International Journal of Game Theory*, 24 (1), 1995, pp. 95-107.

No início da década de 1960, ganham particular destaque as análises de jogos *sem transferência de utilidades* (ou *NTU games*), como o prova um artigo de Robert Aumann e Bezalel Peleg[46]. É também por esta altura que se introduz a ideia do "focal-point effect", de Thomas C. Schelling[47], e que é realizada a primeira aplicação da *teoria dos jogos* à biologia evolucionária, com um artigo de R. C. Lewontin[48].

Em 1961, R. J. Aumann, no seu artigo "The core of a cooperative game without side payments", estende o conceito de *core* aos *NTU games*.[49] Por seu lado, Karl Borch[50] faz uma aplicação da *teoria dos jogos* à actividade seguradora, permitindo, deste modo, uma determinação mais rigorosa dos prémios para as diversas classes de bens segurados. Em 1964, é proposta a ideia do "bargaining set", com um artigo de R. Aumann e M. Maschler[51].

Os jogos *diferenciais* começam a ganhar destaque com a publicação, em 1965, do livro de Rufus Isaacs *Differential Games: A Mathematical Theory with Applications to Warfare and Pursuit, Control and Optimization*.[52] Também nesse ano será Reinhard Selten a introduzir a ideia de "refinamento" no *equilíbrio de Nash*, com o conceito de *equilíbrio perfeito nos subjogos* ("subgame perfect equilibria").[53]

---

[46] AUMANN, R. J.; PELEG, B. – "Von Neumann-Morgenstern solutions to cooperative games without side payments", in: *Bulletin of the American Mathematical Society*, 66, 1960, pp. 173-9.

[47] SCHELLING, T. C. – *The Strategy of Conflict*. Cambridge, Harvard University Press, 1960.

[48] LEWONTIN, Richard C. – "Evolution and the theory of games", in: *Journal of Theoretical Biology*, 1, 1961, pp. 382-403.

[49] AUMANN, R. J. – "The core of a cooperative game without side payments", in: *Transactions of the American Mathematical Society*, 98, 1961, pp. 539-552.

[50] BORCH, Karl – "Application of game theory to some problems in automobile insurance", in: *Astin Bulletin*, 2 (2), Sept. 1962, pp. 208-221.

[51] AUMANN, R. J.; MASCHLER, M. – "The bargaining set for cooperative games". In: DRESHER, M.; SHAPLEY, L. S.; TUCKER, A. W. (eds.) – *Advances in Game Theory*. Princeton, Princeton University Press, 1964, pp. 443-476.

[52] ISAACS, Rufus – *Differential Games: A Mathematical Theory with Applications to Warfare and Pursuit, Control and Optimization*. N.Y., Wiley, 1965.

[53] SELTEN, R. – "Spieltheoretische Behandlung eines Oligopolmodells mit Nachfrageträgheit [*Teil I-II*]", in: *Zeitschrift für die gesamte Staatswissenschaft*, 121, 1965, pp. 301-24 e 667-89.

O conceito de *kernel* aparece em 1965 com o artigo de M. Davis e Michael Maschler "The kernel of a cooperative game"[54] e, em 1966, surge a análise dos jogos infinitamente repetidos com informação incompleta (através de um artigo de J. Aumann e M. Maschler denominado "Game-theoretic aspects of gradual disarmament"[55]).

No artigo "The core of an n person game", Herbert Scarf estende a noção de equilíbrio aos *NTU games*.[56] Em 1967 e 1968, tornam-se decisivos os três artigos de John Harsanyi "Games with incomplete information played by «bayesian» players" [*Parts I, II* et *III*].[57] Neles se edificam as bases da *teoria dos jogos* com informação incompleta. Em 1968, William Lucas apresentará uma excepção aos denominados "stable sets", com o seu artigo "A game with no solution".[58] No ano seguinte, David Schmeidler introduz o conceito de *nucleolus*.[59]

O conceito da *evolutionarily stable strategy* (ou *ESS*) é introduzido em 1972, através de John Smith.[60] Os estudos sobre este conceito

---

[54] DAVIS, M.; MASCHLER, M. – "The kernel of a cooperative game", in: *Naval Research Logistics Quarterly*, 12 (2), 1965, pp. 223-259.

[55] AUMANN, R. J.; MASCHLER, M. – "Game-theoretic aspects of gradual disarmament", in: *Report to the U.S. Arms Control and Disarmament Agency ST-80.* Princeton, Mathematica, 1966, *Chapter V.*

[56] SCARF, H. E. – "The core of an n person game", in: *Econometrica*, 35 (1), 1967, pp. 50-69.

[57] In: *Management Science*, 14, respectivamente pp. 159-182, pp. 320-334 e pp. 486-502.

[58] LUCAS, W. F. – "A game with no solution", in: *Bulletin of the American Mathematical Society*, 74, 1968, pp. 237-239.

[59] SCHMEIDLER, D. – "The nucleolus of a characteristic function game", in: *Society for Industrial and Applied Mathematics Journal on Applied Mathematics*, 17 (6), 1969, pp. 1163-1170. Sobre este conceito, vd. v.g.: KOHLBERG, Elon – "On the nucleolus of a characteristic function game", in: *SIAM Journal on Applied Mathematics*, 20 (1), 1971, pp. 62-66; FAIGLE, Ulrich; KERN, Walter; KUIPERS, Jeroen – "On the computation of the nucleolus of a cooperative game", in: *International Journal of Game Theory*, 30 (1), 2001, pp. 79-98.

[60] SMITH, John Maynard – "Game theory and the evolution of fighting". In: SMITH, John Maynard – *On Evolution.* Edinburgh, Edinburgh University Press, 1972, pp. 8-28.

prosseguirão, nomeadamente com o artigo de John Smith e George Price "The logic of animal conflict", de 1973.[61]

Em 1974, Aumann propõe o conceito de *equilíbrio correlativo* (em "Subjectivity and correlation in randomized strategies"[62]); e em 1975, Reinhard Selten introduz o conceito do "trembling hand perfect equilibria"[63].

A formalização teórica do conceito de *common knowledge* (um acontecimento que é conhecido de todos e todos sabem que todos dele têm conhecimento) – que tinha sido tratado, em finais dos anos 60, pelo filósofo David K. Lewis[64] – é realizada em 1976 por Robert Aumann, com o artigo "Agreeing to disagree"[65]. Em 1977, S. Littlechild e G. Thompson estão entre os primeiros investigadores a conseguir uma aplicação do *nucleolus* (numa alocação de custos no aeroporto de Birmingham[66]).

O conceito de *forward induction* surge em 1981 com o artigo "Some problems with the concept of perfect equilibrium", da autoria de Elon Kohlberg. Também nesse ano, R. J. Aumann apresenta "Survey of repeated games"[67], com o qual procura aplicar a noção de autómato para descrever o comportamento verificado num jogador em jogos com

---

[61] Vd. SMITH, John Maynard; PRICE, George R. – "The logic of animal conflict", in: *Nature*, 246, 1973, pp. 15-18; e também: SMITH, John Maynard – *Evolution and the Theory of Games*. Cambridge, Cambridge University Press, 1982, 226 p.. Sobre este tema, vd. ainda, entre outros: SAMUELSON, Larry – "Evolution and game theory", in: *Journal of Economic Perspectives*, 16 (2), 2002, pp. 47-66.

[62] AUMANN, R. J. – "Subjectivity and correlation in randomized strategies", in: *Journal of Mathematical Economics*, 1 (1), 1974, pp. 67-96.

[63] SELTEN, Reinhard – "Reexamination of the perfectness concept for equilibrium points in extensive games", in: *International Journal of Game Theory*, 4 (1), 1975, pp. 25-55.

[64] LEWIS, D. K. – *Convention: A Philosophical Study*. Cambridge, Harvard University Press, 1969.

[65] AUMANN, R. J. – "Agreeing to disagree", in: *The Annals of Statistics*, 4 (6), 1976, pp. 1236-1239.

[66] LITTLECHILD, S.; THOMPSON, G. F. – "Aircraft landing fees: a game theory approach", in: *Bell Journal of Economics*, 8 (1), 1977, pp. 186-204.

[67] AUMANN, R. J. – "Survey of repeated games". In: AA.VV. – *Essays in Game Theory and Mathematical Economics. In Honor of Oskar Morgenstern*. Mannheim, Bibliographisches Institut, 1981, pp. 11-42.

repetição, bem como estudar o comportamento interactivo de jogadores *limitados* e, portanto, condicionados nas suas estratégias. Em 1982, surge a ideia de *equilíbrio sequencial*, com um artigo de David Kreps e Robert Wilson.[68] Seguindo a ideia do autómato expressa por Aumann, A. Neyman[69] e Ariel Rubinstein[70], procuram formular a ideia de "racionalidade limitada", aplicável em jogos com repetição.

Com *A General Theory of Equilibrium Selection in Games*, de 1988, John Harsanyi e Reinhard Selten apresentam a primeira teoria geral sobre a selecção entre equilíbrios, independentemente de se tratar de um jogo *cooperativo* ou *não cooperativo*. Também nesse ano, a questão da aprendizagem dos equilíbrios é analisada por Drew Fudenberg e David Kreps num artigo que permanece inédito ("A Theory of learning, experimentation and equilibria", MIT & Stanford Graduate School of Business, 1988).

Em 1994, é publicado *Game Theory and the Law*[71], de Douglas G. Baird, Robert H. Gertner e Randal C. Picker, que se considera como um dos primeiros livros de *Law and Economics* a adoptar uma metodologia próxima da *teoria dos jogos*. Também nesse ano dá-se o reconhecimento dos progressos registados na *teoria dos jogos* com a atribuição do *Prémio Nobel da Economia* conjuntamente a Nash, Harsanyi e Selten.[72]

---

[68] KREPS, D. M.; WILSON, R. B. – "Sequential equilibria", in: *Econometrica*, 50 (4), 1982, pp. 863-894.

[69] NEYMAN, Abraham – "Bounded complexity justifies cooperation in the finitely repeated prisoner's dilemma", in: *Economics Letters*, 19 (3), 1985, pp. 227-229.

[70] RUBINSTEIN, A. – "Finite automata play the repeated prisoner's dilemma", in: *Journal of Economic Theory*, 39 (1), June 1986, pp. 83-96.

[71] BAIRD, Douglas G.; GERTNER, Robert H.; PICKER, Randal C. – *Game Theory and the Law*. Cambridge, Harvard University Press, 1994.

[72] Para uma síntese sobre o contributo destes três autores vd.: GUL, Frank – "A Nobel prize for game theorists: the contributions of Harsanyi, Nash and Selten", in: *Journal of Economic Perspectives*, 11 (3), 1997, pp. 159-174; RUBINSTEIN, Ariel – "John Nash: the master of economic modeling", in: *Scandinavian Journal of Economics*, 97 (1), 1995, pp. 9-13; DAMME, Eric van; WEIBULL, J. – "Equilibrium in strategic interaction: the contributions of John C. Harsanyi, John F. Nash and Reinhard Selten", in: *Scandinavian Journal of Economics*, 97 (1), 1995, pp. 15-40.

A terminar este brevíssimo excurso, importa referir novas linhas de investigação porventura insuspeitadas que ora se abrem, como parece confirmar-se, p. ex., com o crescente estudo sobre possíveis aplicações das "neural networks".[73]

ii) ***Aplicações Genéricas à Litigância***

No que diz respeito, particularmente, à aplicação da *teoria dos jogos* às situações de pré-litigância, litigância, *negociação* judicial e extra-judicial, ela decorrerá da análise de alguns modelos, dando deles conta na estrita medida em que possam ser reveladores de aspectos condicionantes do comportamento dos litigantes.

As interacções resultantes de fenómenos de litigância podem ser analisadas recorrendo a uma *tipologia base* que permita o enquadramento das diversas variáveis, sem prejuízo de outros aspectos serem alvo de tratamento autónomo e desenvolvido.

O ponto de partida terá que ser a ponderação de jogos com 2 ou mais jogadores. Entendem-se como condicionantes ao comportamento de jogadores os seguintes catorze factores: 1) jogador(es) com ou sem informação perfeita; 2) jogo com ou sem assimetria informativa; 3) jogo com ou sem repetição; 4) jogadores com ou sem aversão ao risco; 5) jogadores com ou sem capacidade de aprendizagem[74]; 6) jogo com ou sem admissão de jogadas fortuitas; 7) jogo com ou sem incerteza prévia (intervenção ou não de um elemento aleatório: "nature"); 8)

---

[73] Com antecedentes em nomes como os de Herbert Simon, Allen Newell ou Cliff Shaw. Sobre esta área em nítida expansão, vd., vg.: SHACHMUROVE, Yochanan – "Applying artificial neural networks to business, economics and finance". Philadelphia, University of Pennsylvania, Department of Economics, *paper*, 2002, 47 p.; SANFEY, Alan G.; RILLING, James K.; ARONSON, Jessica A.; NYSTROM, Leigh E.; COHEN, Jonathan D. – "The neural basis of economic decision-making in the ultimatum game", in: *Science*, vol. 300, 2003, pp. 1755-1758; CHORVAT, Terrence R.; MCCABE, Kevin; SMITH, Vernon – "Law and neuroeconomics". Arlington, George Mason University, Law & Economics Research Paper no. 04-07, February 2004, 38 p..

[74] Sobre alguns problemas levantados pela aprendizagem vd.: RABIN, Matthew – "Psychology and Economics", in: *Journal of Economic Literature*, 36 (1), March 1998, pp. 30 e ss..

jogadores com ou sem estratégias de coligação; 9) jogo com ou sem cooperação entre jogadores; 10) jogo com ou sem *bluff*; 11) jogo com ou sem *soma zero*; 12) jogo com jogadas em sequência ou em simultâneo; 13) jogo com ou sem comunicação entre jogadores; 14) jogo com ou sem discriminação.

Estas variáveis determinam, combinadas ou não, numa certa medida, a resposta óptima a dar para a resolução do jogo. Os diversos tipos de equilíbrios que têm vindo a ser propostos – v.g., o *equilíbrio de Nash*, o "subgame perfect", o *equilíbrio divino*[75], o *maximin* ou o *minimax*[76], ou o equilíbrio da "evolutionary stable strategy"[77] – mais não fazem do que procurar soluções segundo alguma(s) das variáveis atrás referidas.

Alguns pontos são de destacar no que diz respeito à ligação da *teoria dos jogos* com os fenómenos de litigância. Assim, nomeadamente, dar-se-á destaque às seguintes questões: 1) o nível de informação das partes sobre o jogo e sobre os participantes (com apoio no modelo de P'ng, 1983)[78]; 2) as estratégias adoptadas pelos jogadores (*puras*, *mistas*, *cumulativas* ou *correlativas*); 3) os jogos *dinâmicos*

---

[75] Vd. BANKS, Jeffrey S.; SOBEL, Joel – "Equilibrium selection in signaling games", in: *Econometrica*, 55 (3), 1987, pp. 647-661.

[76] Sobre a ligação entre os conceitos de *estratégia maximin*, *teorema do minimax* e *equilíbrio de Nash*, vd., embora de forma abreviada: CRAWFORD, Vincent P. – "John Nash and the analysis of strategic behaviour". San Diego, University of California, Discussion Paper 2000-03, Jan. 2000, p. 2.

[77] Situando-se numa esfera superior de análise, a *teoria evolucionista* procura, mais do que a análise da forma como as escolhas são realizadas pelos indivíduos, a análise dos padrões de equilíbrio que se formam, do modo como esses padrões (ou algumas das características a eles inerentes) subsistem, resistem à repetição ou à mudança de jogos. Ver: MAILATH, George J. – "Evolutionary game theory". In: NEWMAN, Peter – *The New Palgrave Dictionary of Economics and the Law*. London, MacMillan Reference Limited, vol. 2, 1998, pp. 84-88; MAILATH, George J. – "Do people play Nash equilibrium? Lessons from evolutionary game theory", in: *Journal of Economic Literature*, 36 (3), 1998, pp. 1347-74; FRIEDMAN, Daniel – "On economic applications of evolutionary game theory", in: *Journal of Evolutionary Economics*, 8 (1), 1998, pp. 15-43; HARRINGTON Jr., Joseph E. – "Non-cooperative games". In: NEWMAN, vol. 2, 1998, p. 689.

[78] P'NG, Ivan P. L. – "Strategic behaviour in suit, settlement, and trial", in: *Bell Journal of Economics*, 14 (2), 1983, pp. 539-550.

com informação simétrica (*perfeição nos subjogos* e jogos finita e infinitamente repetidos); 4) os jogos *dinâmicos* com assimetria informativa; e 5) alguns factores presentes em jogos com assimetria informativa (*risco moral*, *selecção adversa*, sinalização e blindagem de informação).

Iniciando com o nível de informação das partes sobre o jogo e sobre os restantes participantes, parece que o exemplo dado por Ivan P'ng pode ser revelador. Segundo este modelo, que trata de um possível acordo extra-judicial, a "nature" começa o jogo em *árvore*, dado que não se sabe com que probabilidade o presumível infractor é ou não responsável. Dessa ramificação inicial (i.e., entre um processo iniciado vindo a comprovar-se ou não a responsabilidade do infractor) surgem duas acções possíveis para o queixoso: processar ou não processar.

Se o queixoso escolher não processar, a ramificação termina aí. Contudo, se pretender continuar, duas novas hipóteses se colocam, desta vez para o infractor: propôr um acordo (i.e., antecipar-se) ou ficar na expectativa. Propor um acordo significa ficar sujeito a aceitação ou rejeição (o mesmo é dizer, neste segundo caso, ir a julgamento); "ficar na expectativa" ("hold out") significa arriscar ir a julgamento (se o queixoso não desistir dos seus intentos) ou poder não ir a julgamento (se o queixoso decidir, por exemplo, propor um acordo aceitável).

Aproveitando, em parte, o raciocínio do modelo *supra* referido, os resultados de estratégias básicas podem ser vistos através do seguinte hipotético jogo *em árvore*:

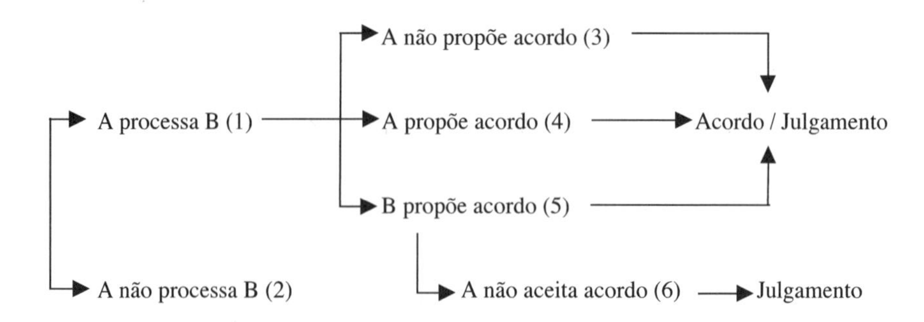

Partindo do princípio que o valor dos danos a A é de 50, o custo da negociação de acordos é de 5, que os custos judiciais de A e B são de 12 cada (*regra americana*, por simplicidade), e que a probabilidade de vitória considerada por A é de 0,75 (situação 1), 0,70 (3), 0,45 (4), 0,85 (5), 0,90 (6), verificam-se os seguintes resultados prefigurados por A: (1) = 50.**0,75** – 12 = 25,5; (2) = –50; (3) = 50.**0,70** – 12 = 23; (4) = 50.**0,45** – 12 – 5 = 5,5; (5) = 50.**0,85** – 12 – 5 = 25,5; (6) = 50.**0,90** – 12 – 5 = 28.[79]

Os valores a que chegará, na prática, podem ser determinados por diversos factores, mas um foi propositadamente salientado no exemplo: o valor da *probabilidade subjectiva* de vitória, que decorre da avaliação intersubjectiva do comportamento dos jogadores. Partindo do princípio de que não se presume a existência, sentido ou magnitude do erro judicial, aquele valor pode determinar, com razoável segurança, a estratégia dos litigantes. Extrai-se assim a seguinte conclusão: o nível de conhecimentos adquirido pelos jogadores sobre os outros e sobre o jogo influencia o comportamento de todos. Por este motivo, basta que a probabilidade de condenação seja entendida como maior ou menor para que tal condicione, frequentemente, o desfecho da contenda.

A assimetria informativa existente é, por seu lado, e talvez paradoxalmente, a maior garantia do normal funcionamento do sistema judicial. Sem esse desequilíbrio, de duas uma: ou, convencido do grau de culpabilidade do agente, o queixoso nunca aceitaria a proposta do infractor (o que levaria, inevitavelmente, ao congestionamento do sistema judicial); ou, na situação inversa, em nenhuma circunstância seria feita justiça em Tribunal (o que impediria algumas das vantagens que num momento posterior se mencionarão). Note-se ainda que a aversão ao risco, se equacionada, pode levar à criação ou à acentuação de assimetrias informativas.

Outro aspecto relevante diz respeito às estratégias adoptadas pelos jogadores.[80] Sob o ponto de vista da litigância, as diferentes estratégias

---

[79] Os valores indicados são fortuitos mas deve notar-se que: 1) a *probabilidade subjectiva* de vitória aumenta face à proposta do infractor, e diminui no caso de a proposta ser do queixoso; 2) há uma diminuição dessa probabilidade com o tempo, salvo se houver proposta do infractor.

[80] No caso das denominadas *estratégias puras*, os jogadores seguem as acções que lhes parecem mais apropriadas e mantêm-nas (análise estática); enquanto que, em

e os diferentes resultados delas decorrentes são facilmente perceptíveis no seguinte exemplo:

		B			
		Acordo x (Fase II)		*Acordo y* (Fase II)	
A	*Acordo x* (Fase II)	**1**(-2,5)	-1(-2)	**0,5**(-2,2)	**-0,5**(-2,5)
	Acordo y (Fase II)	-1(-2)	-1,2(-2,4)	-2(-1)	**-0,8**(-3,5)

Nesta situação, a utilização de uma *estratégia pura* significaria, para A, adoptar a posição *Acordo x*, dado que conseguiria ter maiores benefícios independentemente da posição do seu opositor (1 ou 0,5); por seu lado, para B, adoptar a *estratégia pura Acordo y* significaria ter menores prejuízos (-0,5 ou -0,8).

No entanto, pode ser comprovado pelas partes envolvidas que a manutenção dessas estratégias acarreta resultados menos favoráveis, dado que: 1) se A insistir em *Acordo x* na Fase II (momento processual subsequente ou mero decurso do tempo), passa a ter que suportar -2,5 ou -2,2 (ao invés de -2 ou -1, como aconteceria se adoptasse a estratégia *Acordo y*); 2) se B insistir em *Acordo y* na Fase II, passa a ter que suportar -2,5 ou -3,5 (ao invés de -2 ou -2,4, como aconteceria se adoptasse a estratégia *Acordo x*).

---

estratégias mistas, os jogadores seguem as acções de acordo com a probabilidade de êxito que associam às mesmas, em cada momento (análise dinâmica). Já no caso das *estratégias cumulativas*, a uma estratégia (seja de que tipo for) segue-se uma outra estratégia, permitindo ao jogador adaptar o seu modo de jogar às diversas etapas do jogo em causa. Por último, as *estratégias correlativas* fazem depender as *estratégias mistas* dos jogadores de probabilidades correlativas de êxito (e não independentes, como sucederia no caso da definição inicial de *estratégias mistas*).

Pode então revelar-se mais útil uma *estratégia mista*, moldável às circunstâncias do jogo (e faseada, pelo que corresponde também a uma *estratégia cumulativa*), de tal modo que A escolha, por exemplo, *Acordo x* na fase I e *Acordo y* na fase II, e B faça o inverso. O resultado seria o melhor ao alcance das mesmas (e, em qualquer caso, superior ao resultado que adviria da utilização de *estratégias puras*): 0,5 e -0,5 na fase I; -2 e -2,4 na fase II.[81]

Quanto aos jogos *dinâmicos* com informação simétrica, valerá a pena mencionar brevemente a *perfeição nos subjogos* e os jogos finita e infinitamente repetidos.

No que se refere à *perfeição nos subjogos*, esta constitui um *refinamento* no *equilíbrio de Nash*, tal como ficou antes referido. O que se pretende com esta *perfeição* é eliminar todos os *equilíbrios de Nash* que não resultam, em simultâneo, para todo o jogo e para as ramificações do mesmo (*subjogos* ou *mini-jogos*). Daqui se depreende a noção de *equilíbrio perfeito* de Nash.[82]

Os jogos finita e infinitamente repetidos (estes segundos chamados *supergames*) devem também ser equacionados, dadas as especificidades apresentadas face aos jogos *irrepetíveis* (também designados "one-shot games").[83] Utilizando o exemplo do *dilema do prisioneiro*, verifica-se

---

[81] Numa hipótese mais elaborada, com outros valores, poder-se-ia supor que: 1) a alteração de estratégia na fase II apenas era compensadora para uma das partes; 2) a alteração de estratégia na fase II implicava poder incorrer em dois resultados opostos (um desejado e outro não desejado), estando o resultado final dependente do comportamento do outro jogador. Nesta última circunstância, as vantagens e desvantagens seriam reflexas. Concluir-se-á que a melhor estratégia seria a que permitisse ganhos em função do grau de reflexividade das jogadas.

[82] Um outro tipo de *refinamento* é proposto por BERNHEIM, B.; PELEG, B.; WHINSTON, Michael – "Coalition proof Nash equilibrium I [& II]: concepts [& applications]", in: *Journal of Economic Theory*, 42 (1), June 1987, pp. 1-12 [e 13-29], de acordo com o qual o equilíbrio existiria quando fosse impossível uma coligação impondo um acordo desviante desse equilíbrio. Vd. também, sobre este refinamento: MORENO, Diego; WOODERS, John – "Coalition-proof equilibrium", in: *Games and Economic Behavior*, 17 (1), 1996, pp. 80-112.

[83] Existem também outros factores relevantes, como os que são relativos ao "crescendo temporal dos custos" e que se espelham na denominada "time preference" e no cálculo da probabilidade do momento em que o jogo vai terminar.

que a repetição finita, no caso de falta de acordo entre os prisioneiros, não conduz à cooperação informal – pelo que ambos utilizam a estratégia da delação. Assim, o *equilíbrio da estratégia dominante* (delação) impõe-se como o único possível no conjunto das repetições – o mesmo é dizer que o "equilibrium path" não sofre desvios relevantes que possam conduzir a uma mudança de estratégia dos prisioneiros. Este raciocínio cederia, contudo, caso as alterações ao comportamento esperado fossem em número suficiente para produzirem uma mudança (unilateral e depois provavelmente bilateral) das estratégias utilizadas (podendo levar a *estratégias dominantes* diversas da delação).

Recorrendo ainda ao exemplo do *dilema do prisioneiro*, mas para a situação de repetição infinita, cabe dizer que: 1) não é possível estabelecer o "equilibrium path" porque não há pontos de apoio (ou momentos delimitadores); 2) tal como acontece na situação de repetição finita, o equilíbrio terá que advir de estratégias que se baseiam na imitação (dado que existe sempre a forte possibilidade de contra-resposta), como é o caso da *grim strategy* ou da estratégia "tit-for-tat"[84].

No que diz respeito aos jogos *dinâmicos* com assimetria informativa, justifica-se uma sumária menção a alguns dos equilíbrios possíveis, tais como: 1) a *trembling hand perfectness*[85]; 2) o *equilíbrio sequencial*; 3) o *equilíbrio perfeito bayesiano*; ou ainda 4) o equilíbrio da *evolutionary stable strategy*.[86]

---

[84] Estratégia tremendamente eficaz (desde que não existam falhas na interpretação do jogo, pois tal geraria um erro em cadeia), como se pôde verificar com a experiência feita por Robert Axelrod (v. *The Evolution of Cooperation*. New York, Basic Books, 1984).

[85] A "trembling hand perfectness" foi introduzida por Reinhard Selten ["Reexamination of the perfectness concept for equilibrium points in extensive games", in: *International Journal of Game Theory*, 4 (1), 1975, pp. 25-55], e preconiza que, em jogos com número finito de jogadas, o equilíbrio está presente quando o resultado é óptimo para um jogador mesmo que exista a possibilidade, embora reduzida, de o outro jogador vir a escolher alguma acção que se situa fora do equilíbrio (i.e., mesmo que a "mão do outro jogador trema").

[86] Estabelecendo-se um paralelismo com a evolução biológica, entende-se que esta só surgirá se: 1) a estratégia *invasora* (ou *desviante*) demonstrar não ser capaz de se impor à estratégia *estável*; ou se 2) a estratégia *invasora* demonstrar ser apenas capaz de o fazer de forma isolada.

Sem prezuízo de reflexões posteriores, caberá aqui, também, enunciar certas noções, como as de *risco moral*, de *selecção adversa*, ou de sinalização e blindagem de informação. Aliás, com naturalidade se reconhecerá que, p. ex., o *risco moral*[87] ou a *selecção adversa* podem ser relevantes na determinação dos resultados de jogos com assimetria informativa, e nos equilíbrios que podem ser alcançados. O mesmo se poderá dizer do mecanismo da reputação e de formas de avaliação de informação (como é o caso do "screening" ou do "monitoring").

---

[87] No caso norte-americano, a *legal discovery* é protegida pelas sanções aplicáveis ao abuso informativo (v. *rule 37* da *Federal Rules of Civil Procedure*). Vd., v.g.: KIM, Jeong-Yoo; RYU, K. – "Sanctions...", in: *European Journal of Law and Economics*, 14 (1), July 2002, pp. 45-60.

III
ACORDO OU JULGAMENTO?

3.1 – A DECISÃO DE RECURSO AO SISTEMA JURISDICIONAL

a) **Incentivos Económicos Privados e Sociais**[88]

Para que se possa fazer uma avaliação dos custos económicos do recurso ao sistema jurisdicional, será necessário analisar, previamente, as motivações económicas (quer ao nível dos *incentivos privados*, quer ao nível dos *incentivos sociais*) que levam a decidir a disputa em Tribunal.

---

[88] O precursor deste modo de análise é SHAVELL, Steven – "The social versus the private incentive to bring suit in a costly legal system", in: *Journal of Legal Studies*, 11 (2), 1982, pp. 333-339. Ver, v.g., sobre este tema: MENELL, Peter S. – "A note on private versus social incentives to sue in a costly legal system", in: *Journal of Legal Studies*, 12 (1), 1983, pp. 41-52; COOTER, Robert; ULEN, Thomas – *Law and Economics*. Reading, Mass., Second Edition, 1998 [*reprint* da ed. 1997], pp. 334-382; HYLTON, Keith N. – "Welfare implications of costly litigation under strict liability". In: The Boston University School of Law, Working Paper Series, Law and Economics. Boston (MA), Working Paper no. 99-13, April 2000 (b), 35 p.; KAPLOW, Louis – "Private versus social costs in bringing suit", in: *Journal of Legal Studies*, 15 (2), 1986, pp. 371-385; HYLTON, Keith N.; DRAHOZAL, Christopher R. – "The economics of litigation and arbitration: an application to franchise contracts". In: The Boston University School of Law, Working Paper Series, Law and Economics. Boston (MA), Working Paper no. 01-03, April 2001, pp. 2-5; SHAVELL, Steven – "The level of litigation: private versus social optimality of suit and of settlement", in: *International Review of Law and Economics*, 19 (1), 1999, pp. 99-115; HAY, Bruce L.; SPIER,

Do ponto de vista dos *incentivos privados* para processar, afigura-se claro que o (potencial) queixoso (q) apenas irá processar se os custos do processo ($Cpr.^q$, incluídos os custos conhecidos e os expectáveis) forem inferiores às expectativas que o mesmo tem relativamente ao desfecho do processo em Tribunal ($Ex.^q$). Logo:

$$Cpr.^q < Ex.^q \tag{1}$$

As expectativas traduzem-se nos resultados potenciais de acordos ou de decisões judiciais. O seu valor constituirá, naturalmente, um reflexo do dano sofrido (d). Deduz-se, assim, que, para haver *incentivo privado* à propositura da acção:

$$Cpr.^q < d \qquad \text{ou, com maior rigor,} \qquad Cpr.^q < p.d \tag{2}$$

A falta de correlação positiva entre o *incentivo privado* para processar e o *nível social óptimo* de litigância (ver-se-á mais tarde em que termos este se pode estabelecer) poderá levar, como parece suceder em diversos Estados, a um excesso de litigância judicial. Um dos motivos para tal excesso prende-se com o facto de o queixoso tomar a sua decisão avaliando, somente, os custos próprios e não os custos do acusado ou do próprio Estado. O mesmo se pode dizer em relação aos benefícios que se podem retirar com a litigância judicial – também aqui se tem verificado uma clara divergência entre a ponderação dos *benefícios privados* e dos *benefícios sociais* (p. ex., raras vezes o queixoso se aperceberá do *efeito de prevenção* que pode ter sobre o comportamento de potenciais infractores da Lei).

Note-se, aliás, que os *benefícios privados* que o queixoso consegue retirar do acusado não constituem, *per se*, *benefícios sociais* – embora possam orçar em valores superiores ou inferiores aos *bene-*

Kathryn E. – "A note on the divergence between the private and the social motive to settle under a negligence rule", in: *Journal of Legal Studies*, 26 (2), 1997, pp. 613--622; Hay, Bruce L.; Spier, Katheryn E. – "Settlement of litigation". In: Newman, vol. 3, 1998, pp. 442-451; Kaplow, L.; Shavell, S. – *Economic Analysis of Law*. Harvard, HLS/NBER, *survey*, 1999, pp. 43-66.

fícios sociais e até mesmo, eventualmente, induzir ao aumento destes últimos.

Para uma melhor compreensão da dicotomia acima mencionada, suponham-se as seguintes variáveis: x = gastos de prevenção feitos por potenciais infractores; r = valor atribuído em julgamento no caso de litigância; r' = custos judiciais. Nestes termos, só será socialmente vantajoso processar se: $r' < x$, com $r > 0$.[89]

Assim, supondo que um litigante que processe com custos de 25 e danos de 20 mas que induza, com o processo, gastos de prevenção de 35, tal acabará por resultar num *benefício social*, porque 25 < 35 ($r' < x$), e isto apesar de não ter qualquer *benefício privado* (porque $r < r'$).

Um outro modo de analisar esta divergência entre o cálculo do *benefício privado* e o cálculo do *benefício social* é aquele que se baseia na alteração da probabilidade de ocorrência de futuros eventos como efeito da realização de gastos de prevenção[90]:

A vítima sofre prejuízo de 10000; os custos processuais do queixoso são de 3000; os custos para a defesa do infractor são de 2000; a probabilidade de ocorrência de uma nova acção ilegal é de 10% (neste caso, desconsidera-se a possibilidade de os gastos de prevenção poderem baixar essa probabilidade).

- Do ponto de vista privado, compensa processar: 3000 < 10000 (d);
- Do ponto de vista social, não compensa: a probabilidade de nova ocorrência não baixa e os *custos sociais* esperados são de: 10%.(10000+5000) = 1500.

O que isto significa é que estão a ser suportados custos privados que não são acompanhados por qualquer *efeito de prevenção*, o que terá como resultados prováveis os elevados *custos sociais* dos processos e, consequentemente, o excesso de litigância.

---

[89] Aliás, não seria sensato considerar-se como um *benefício social* um custo para o queixoso em montante superior ao gasto (x) que os potenciais infractores devem realizar para evitar o dano.

[90] Vd. exemplos em KAPLOW et SHAVELL, 1999, pp. 45-46.

Suponha-se agora um exemplo oposto quanto aos efeitos. Tudo se mantém face ao exemplo anterior; muda apenas o valor de *d* (1000), e o facto de, ao processar-se, o infractor potencial realizar um gasto de 10 (o que reduzirá a probabilidade de repetição daquele tipo de evento de 10% para 1%).

- Do ponto de vista privado, não compensa processar: 3000 > 1000 (*d*);
- Do ponto de vista social, compensa: se a vítima não processar (obedecendo à lógica da maximização do *benefício privado*), o infractor potencial não verá motivo para reduzir o risco, pelo que o *custo social* seria, nessa circunstância, de: 10%.(1000+5000) = 600. No entanto, há *benefício social* caso a vítima insista em processar: o infractor potencial realizará um dispêndio de 10, o que tornará menos provável a repetição do evento, passando os *custos sociais* do processo a serem de apenas 70 [= 10 + 1%.(1000+5000)].[91]

Através dos exemplos expostos, parece ter ficado demonstrada a divergência entre o *incentivo privado* [necessariamente ≅ ao valor do dano (*d*)] e o *incentivo social* (que inclui, p. ex., os benefícios resultantes do impedimento de potenciais infracções ou a intervenção – mitigada – do precedente ou da uniformização jurisprudencial).

Uma das possibilidades de amenizar o quadro (relativamente pessimista) que se apresentou, poderia passar por fazer acompanhar o montante da compensação de um *valor residual de penalização* em sede de custos processuais, tendo por referência os custos médios suportados pelo Estado e também pela vítima.[92] Os efeitos (positivos

---

[91] Estes raciocínios são aplicáveis em situações de responsabilidade sob a forma de dolo. Mas, como referem os autores citados, tal será também o caso se se tratar de situações de negligência, uma vez que nestas o *interesse social* em prevenir esbarra frequentemente com o receio das vítimas em processar – principalmente porque nas actuações negligentes as vítimas retiram (ou julgam retirar), regra geral, um proveito pessoal menor com o processo. Assim, nestes casos, o resultado prático poderá ser a escassez (e não o excesso) de litigância judicial.

[92] Independentemente de eventuais especialidades dentro das regras de repartição de custos processuais, que serão analisadas em capítulo próprio.

ou negativos) que tal proposta teria sobre o comportamento médio dos litigantes não foram ainda economicamente testados.[93]

Esta divergência entre *interesse privado* e *interesse social* pode também ser colmatada por via da intervenção estatal. Por exemplo, é possível que o Estado comprima a litigância judicial por via da imposição de taxas prévias (inerentes à propositura da acção), ou simplesmente desvie certo tipo de litigância (p. ex., em função da matéria ou do valor da acção ou ainda por outro critério atendível) para instâncias não jurisdicionais ou para-jurisdicionais. Outra via possível, mas para evitar a escassez de litigância (quando socialmente se justifique dever ser maior), poderia passar por subsidiar o acesso aos Tribunais Judiciais.

Para a aferição dos *benefícios sociais*, o Estado deve ponderar, por um lado, os efeitos da litigância no comportamento futuro do infractor (como se realçou há pouco), bem como, por outro lado, os *custos sociais* resultantes do recurso à litigância. Logo, não parece afigurar-se como correcto esperar que a actuação do Estado nesta matéria se baseie, apenas, na consideração dos ganhos que a vítima retira. E se não chega a mera equivalência entre os *custos processuais globais privados* e os *benefícios privados* que são retirados por aqueles que processam, tal significa que deve ser feita a ponderação dos *benefícios sociais* – apenas estes poderão, aliás, legitimar a intervenção estatal.

Os custos da litigância são, também, um elemento importante na decisão das partes quanto ao rumo do processo. Se não houver cooperação entre as partes quanto ao modo de suportar/eliminar estes custos, o queixoso levará a acção até ao momento em que as expectativas sobre o montante da decisão final forem iguais ou inferiores ao montante total previsível de custos com o processo. Por seu turno, o infractor levará as suas despesas até ao momento em que estas não pareçam contribuir para atenuar o resultado final (*videlicet*, existe ainda a possi-

---

[93] Numa apreciação preliminar, pode dizer-se que a uma maior sustentação económica do aparelho judiciário e a um impedimento eficaz da *litigância frívola* se pode vir a contrapor o efeito de afastamento potencial de *processos legítimos* de baixo valor.

bilidade de o acordo ser feito unicamente para impedir quaisquer encargos das partes com a litigância).

A perda do *óptimo social* com a assunção de custos de litigância pode aferir-se por, pelo menos, alguma(s) das formas que se passam a descrever[94]: a) o montante de gastos não servir para alterar a previsão sobre a decisão judicial ou o valor do acordo (caso este se venha a realizar); b) o montante de gastos poder servir (numa perspectiva naturalmente pessimista) para atrasar, perturbar ou até enviezar o previsível resultado judicial; c) à semelhança do que foi acima referido, o valor desejável a suportar pelo litigante não coincidir com o volume suportável por parte do Estado (esta divergência pode aplicar-se mesmo quando há acordo).

Esta última forma prende-se com a questão da definição subjectiva do montante ressarcidor do dano (*d*): o desvio entre o *valor estimado* pela parte e o *valor real*, que representa o limite para as despesas do queixoso e do infractor, é claramente mais perceptível do que o *valor social* (principalmente no que diz respeito ao *efeito de prevenção*) – o que é especialmente notório quando se sabe que o infractor não tem, frequentemente, uma noção exacta, ou por vezes sequer aproximada, do montante em causa quando pratica a infracção.[95]

As razões para a divergência entre o *óptimo social* e o *interesse privado* em sede de acordo não estão muito distantes daquelas que foram sendo referidas a respeito da divergência para processar.[96]

Por um lado, sempre que as partes chegam a acordo poupam (sem o saberem) menos do que a sociedade no seu conjunto (pelas razões já

---

[94] Vd. KAPLOW, Louis; SHAVELL, Steven – *Ob. cit.*, 1999, p. 51.

[95] Mais graves serão os casos em que o queixoso potencial desiste de intentar a acção por verificar que os custos processuais ultrapassam o valor do dano sofrido – nesse caso concreto ter-se-ia algum *benefício social* (a curto prazo, apenas) mas nenhum *proveito privado*. O que poderia vir a significar, a breve trecho, inexistência de processos idênticos e, em consequência, perda de *proveito privado* e... *social*.

[96] Sobre ambas as divergências, vd. ainda, entre outros: SHAVELL, Steven – "The fundamental divergence between private and social incentive to use the legal system", in: *Journal of Legal Studies*, 26 (2), 1997, pp. 575-612; ROSE-ACKERMAN, Susan; GEISTFELD, Mark – "The divergence between social and private incentives to sue: a comment on Shavell, Menell, and Kaplow", in: *Journal of Legal Studies*, 16 (2), 1987, pp. 483-491.

indicadas: custos inerentes ao processo, pessoal especializado, meios técnicos e infra-estruturas necessárias); mais: em casos de assimetria informativa, a parte que recusa o acordo não chega sequer a ter a noção dos custos privados a que obriga a incorrer a outra parte.

Por outro lado, o próprio valor resultante da negociação, embora possa vir a reduzir o valor dos encargos com os outros agentes do processo, pode não ir de encontro às expectativas do Estado quanto à sinalização das consequências negativas da prática de comportamentos ilícitos (a função de prevenção poderia, assim, sair prejudicada – tal apenas não sucederá, mas por motivos indesejados, no caso de o valor do acordo não ser apelativo para o queixoso, fazendo com que este insista em seguir para julgamento).

Caberá aqui mencionar alguns dos *efeitos sociais benéficos* que podem resultar da prossecução para julgamento: 1) criação jurisprudencial; 2) revelação ou dilucidação de informações socialmente relevantes; 3) estabelecimento de precedente. Facilmente se reconhecerá que, salvo situações excepcionais, estes (e outros...) factores dificilmente serão conjecturados pelas partes.

Como contornar, então, esta divergência de objectivos? Algumas possibilidades ao alcance do Estado poderiam passar pelo aumento dos custos processuais (forçando, eventualmente, a formação de acordos por valores mais elevados); ou, numa situação diversa, pela imposição de taxas sobre o acordo (se se realizar, mas independentemente do valor do mesmo). Por detrás destes raciocínios está a simples observação de que o julgamento serve, mas apenas em última instância, para elevar o grau de satisfação social. O excesso de litigância em diversos Estados (que vai ao ponto de tornar os próprios Tribunais Judiciais um dos maiores "instigadores" da celebração de acordos) prende-se também com a subestimação, tando do valor do *benefício privado* do acordo (por uma ou ambas as partes) como do valor do *benefício social* que se consegue retirar da decisão judicial.[97]

[97] Aquilo que ficou dito quanto à necessidade (ou não) de recurso às instâncias jurisdicionais, aplica-se, *mutatis mutandis*, aos recursos judiciais. Aliás, o fenómeno do excesso de litigância é também, muitas vezes, o resultado de uma excessiva utilização dos recursos. Um dos factores maiores que justifica o recurso é o da correcção do erro. A esta luz, regular os custos do recurso poderia impedir os *recursos frívolos*.

b) Os Modelos das *Crenças Exógenas* e da *Informação Assimétrica*[98]

Depois da propositura da acção, afigura-se necessário verificar a frequência com que as partes em litígio recorrem ao acordo ou insistem em ir até à decisão final.

Embora esta não seja a explicação canónica, deve notar-se que, por vezes, o acordo é o resultado de um entendimento *forçado* por via legal, envolvendo normalmente o pagamento, por parte do infractor à vítima, de um montante que afastará demais custos processuais (para uma ou para ambas as partes).[99]

Essa regulação permitiria que a actividade judicial fosse apenas direccionada para a resolução de casos notoriamente duvidosos. Logo, maior eficiência na resolução dos recursos significaria maiores *benefícios privados* e *sociais*, podendo fazer a vez do acréscimo de despesa em que se incorreria com soluções alternativas (processo judicial mais complexo; ou utilização de maiores recursos técnicos, quando não indispensáveis).

[98] Vd., e.g.: BAYE, Michael R.; KOVENOCK, Dan; VRIES, Casper G. de – "Comparative analysis of litigation systems: an auction-theoretic approach". Munich, CESifo Working Paper Series, Working Paper no. 373, November 2000, 38 p.; BEBCHUK, Lucian Arye – "Litigation and settlement under imperfect information.", in: *Rand Journal of Economics*, 15 (3), Autumn 1984, pp. 404-415; HYLTON, Keith N. – "An asymmetric information model of litigation". In: The Boston University School of Law, Working Paper Series, Law and Economics. Boston (MA), Working Paper no. 00-03, 2000 (a), 40 p.; KLEMENT, Alon – "Threats to sue and cost divisibility under asymmetric information". Harvard, John M. Olin Center for Law, Economics, and Business, Discussion Paper no. 273, November 1999, 43 p. [= *International Review of Law and Economics*, 23 (3), 2003, pp. 261-272]; KAPLOW, Louis; SHAVELL, Steven – *Economic Analysis of Law*. Harvard, HLS/NBER, *survey*, 1999, pp. 47 e ss.; HAY, Bruce L.; SPIER, Katheryn E. – "Settlement of litigation". In: NEWMAN, Peter – *The New Palgrave Dictionary of Economics and the Law*. London, MacMillan Reference Limited, vol. 3, 1998, pp. 443 e ss.; WALDFOGEL, Joel – "Reconciling asymmetric information and divergent expectations theories of litigation". In: NBER Working Paper Series. Cambridge, National Bureau of Economic Research, Working Paper no. 6409, February 1998, 29 p. [= *Journal of Law & Economics*, 41 (2), 1998, pp. 451-476].

[99] A importância do acordo é especialmente visível nos EUA, com uma larga margem de casos com resolução por acordo (embora seja necessário sublinhar que não se discrimina, nos registos oficiais divulgados, o número de casos rejeitados preliminarmente pelos Tribunais, bem como os casos de acordo *ante litem*).

Analisam-se, em seguida, os dois principais modelos teóricos utilizados para o tratamento desta matéria: o modelo das *crenças exógenas* e o modelo da *informação assimétrica.*

Em traços gerais, o modelo das *crenças exógenas*[100] presume que ambas as partes chegaram à conclusão (que não passa, contudo, de uma mera "crença") de que a decisão judicial terá para elas um determinado resultado (que lhes é ou não favorável).[101] Assim, para dilucidação, entenda-se que: $p.d^q$ representa a probabilidade de êxito do queixoso; $p.d^i$ representa a probabilidade de êxito do infractor (êxito que será, neste caso, o mínimo de prejuízo possível); e y o valor da expectativa (comum em ambos, bem como as equiprobabilidades associadas, por simplificação).

A expectativa de ganho para o queixoso (Ex^q) será de: $Ex^q = p.d^q.y - Cpr.^q$ (o queixoso não exigirá menos do que este valor para a celebração de um acordo). Por outro lado, a expectativa de perda para o infractor (Ex^i) será de: $Ex^i = p.d^i.y + Cpr.^i$ (o infractor não aceitará pagar mais do que este valor por um acordo).

Daqui resulta que o acordo (Ac) só será possível se: $p.d^q.y - Cpr.^q > \text{Ac} > p.d^i.y + Cpr.^i$. Se o valor estiver neste intervalo, o acordo será possível. Inversamente, o julgamento será praticamente inevitável se: $p.d^q.y - p.d^i.y > Cpr.^q + Cpr.^i$.[102] Significa isto que apenas quando o queixoso tem uma convicção de êxito superior à do infractor em mais do que a soma dos custos processuais (num sistema com

---

[100] Lançado por Friedman (1969), Landes (1971), Gould (1973) e Posner (1973; este autor é, contudo, um dos primeiros a mencionar o factor da *assimetria informativa*), será posteriormente desenvolvido por Shavell (1982). Sobre a passagem deste modelo para o *modelo da informação assimétrica*, vd.: BEBCHUK, Lucian Arye – "Litigation and settlement under imperfect information", in: *Rand Journal of Economics*, 15 (3), Autumn 1984, pp. 404-6.

[101] As sugestões acerca da possibilidade de determinar a probabilidade de êxito de queixosos com base em critérios de simetria de expectativas (*teorema Priest-Klein* ou "fifty-fifty plaintiff win rate") – ou mesmo com base em assimetria informativa [como sugere HYLTON, 2000 (a), p. 2 e ss., com o "less than fifty" para queixosos menos informados] – carecem de comprovação empírica sólida.

[102] Isto porque, se: $p.d^q.y - Cpr.^q > \text{Ac}$; e se: $\text{Ac} > p.d^i.y + Cpr.^i$; então: $p.d^q.y - Cpr.^q > p.d^i.y + Cpr.^i \Leftrightarrow p.d^q.y - p.d^i.y > Cpr.^i + Cpr.^q$ (*Q.e.d.*).

aplicação da *regra inglesa*[103]), é que terá interesse em ir até à decisão final.

Também a questão da maior ou menor aversão ao risco (em continuar com a acção) pode influir nesta matéria. Ela determinará o valor do acordo do seguinte modo: 1) se a aversão ao risco for da parte do queixoso, este aceitará um acordo por menos do que $p.d^q.y - Cpr.^q$; 2) se a aversão ao risco for, ao invés, da parte do infractor, este estará disposto a pagar mais do que $p.d^i.y + Cpr.^i$. Ainda um outro factor a ter em consideração é o do montante a ser fixado pelo Tribunal para α (o valor da *expectativa concretizada*), porque quanto maior for α para casos similares, maior será o desejo das partes em prosseguir até ao julgamento (dado que se amplificam as expectativas iniciais das partes). Apesar das vantagens facilmente observáveis, este modelo falha essencialmente em dois momentos: 1) ao não explicar como se forma, em casos originais, a "crença" das partes; 2) ao não explicar, de forma cabal, em que termos a negociação decorre e, nomeadamente, qual o momento da celebração do acordo e qual o valor do mesmo.

Por seu turno, o modelo da *informação assimétrica*[104] presume que existe assimetria de informação entre as partes (questão que nem sequer é considerada no modelo anterior – o que equivale a dizer que

---

[103] Porque, no caso da *regra americana*, *q* só prosseguiria se: $p.d^q.y - p.d^i.y > (Cpr.^q + Cpr.^i) / 2$.

[104] Vd., sobre este modelo, com diversas orientações, entre outros: OSBORNE, Evan – "Who should be worried about asymmetric information in litigation?", in: *International Review of Law and Economics*, 19 (3), 1999, pp. 399-409; HYLTON, Keith N. – "Asymmetric information and the selection of cases for litigation", in: *Journal of Legal Studies*, 22 (1), 1993, pp. 187-210; RUBINSTEIN, Ariel – "A bargaining model with incomplete information about time preferences", in: *Econometrica*, 53 (5), 1985, pp. 1151-1172; FUDENBERG, D.; TIROLE, J. – "Sequential bargaining with incomplete information", in: *The Review of Economic Studies*, 50 (2), 1983, pp. 221-247; SCHWEIZER, Urs – "Litigation and settlement under two-sided incomplete information", in: *The Review of Economic Studies*, 56 (2), April 1989, pp. 163-178. Num plano geral, sobre as consequências da *assimetria informativa* vd.: ARAÚJO, Fernando – "Uma nota sobre carros usados", in: AA.VV. – *Estudos Jurídicos e Económicos em Homenagem ao Professor João Lumbrales*. Coimbra, Coimbra Editora, 2000, pp. 186 e ss..

para esse modelo existiria *simetria informativa*) e, a partir daí, tenta uma explicação detalhada para a negociação.

Uma das interpretações mais simples deste modelo é a de Lucian Bebchuk[105], que assenta na assimetria notória de uma das partes. A diferença informativa das partes teria como consequência que a negociação se tornaria antes uma discussão em torno de um acordo do tipo "take-it-or-leave-it", oferecido pela parte que se sente desprovida de informação determinante para o conhecimento do desfecho do processo. Um exemplo: suponha-se que o infractor tem relativa certeza sobre a probabilidade (*p*) positiva que o queixoso tem de ganhar a causa e que, nessa circunstância, o queixoso (que desconhece a probabilidade, mas que, em contrapartida, sabe que os infractores que suponham a sua fraca possibilidade irão rejeitar a oferta, e que os infractores que suponham a sua elevada probabilidade, a irão aceitar) oferece um valor x como proposta para a realização de um acordo. De duas uma:

ou 1) $p.d + Cpr.^{i} < x$, e então o infractor rejeita – o queixoso poderá esperar, em princípio, apenas $p.d - Cpr.^{q}$;

ou 2) $p.d + Cpr.^{i} > x$, e então o infractor aceita e paga x. Para o queixoso, o valor x representará sempre uma vantagem que é maximizada, quer o processo termine em acordo, ou em julgamento.

Quanto maior for x, mais vantajoso se torna o acordo para o queixoso (que assim recebe mais), mas também menos provável se torna a sua aceitação pelo infractor. Evidentemente, também factores como a aversão ao risco (quanto maior, mais provável o acordo e mais baixo o seu valor), o *bluff* (benéfico para aquele que o faz)[106] ou os excessivos custos da litigância (quanto maiores, mais provável o acordo e mais baixo o seu valor) podem funcionar (isolados ou agre-

---

[105] BEBCHUK, Lucian Arye – "Litigation and settlement under imperfect information", in: *Rand Journal of Economics*, vol. 15, no. 3, Autumn 1984, pp. 406 e ss..

[106] Sobre a importância do *bluff* e da reputação vd. v.g.: SORIN, 1995, pp. 587 e ss..

gados) como impulsionadores do acordo. Contudo, saliente-se a compatibilidade deste modelo com o anteriormente descrito, quer no que diz respeito à consideração da divergência de convicções, quer no que se refere à substituição das "crenças" pela mais racional *divergência informativa.*

As virtudes gerais do modelo da *assimetria informativa* são, todavia, como que *espadas de dois gumes*: se, por um lado, o modelo explica, de modo satisfatório, a negociação, permitindo, dessa forma, entrever o processo de configuração dos acordos; por outro lado, as escolhas (aparentemente) arbitrárias que estão por vezes por detrás da oferta do valor x (como o provam certas observações empíricas) continuam por explicar. O mesmo se diga da variabilidade que o modelo apresenta em função do proponente, ou ainda relativamente às situações com diferenças duradouras de informação.[107]

c) **A Influência dos Custos de Obtenção de Informação**

Um quadro bipartido poderá permitir compreender, num cenário de partilha voluntária de informação, em que medida é que os custos de obtenção de informação influenciam a decisão de ir ou não a julgamento. Assim, vejamos a sua exemplificação, num *continuum* temporal entre 0 (não processar) e 1 (fase de julgamento), e sendo z o custo de propositura da acção, C^q e C^i outros custos (além de z), Cac^q e Cac^i os custos do acordo, D^q e D^i os custos da descoberta, Y o valor do acordo, e $p.d$ o valor expectável a pagar pelo dano causado:

[107] Especialmente tendo em conta os incentivos à partilha voluntária de informação entre as partes e os mecanismos de revelação ou de *legal discovery* previstos pelo próprio processo.

<table>
<tr><td colspan="2" rowspan="3"></td><td colspan="3">Fases do Processo
(entre 0: não processar; e 1: Julgamento)</td></tr>
<tr><td>Até ao Acordo</td><td>Fase Negocial</td><td>Fase Pós-Negocial</td></tr>
<tr><td>$\int_0^{(C^q+D^q+z)/p.d}$</td><td>$\int_{(C^q+D^q+z)/p.d}^{(Y+Cac^q)/p.d}$</td><td>$\int_{(Y+Cac^q)/p.d}^{1}$</td></tr>
<tr><td rowspan="2">Queixoso</td><td>Sem Descoberta</td><td>disposto a ir a Julgamento (se $p.d > C^q + z$)</td><td>disposto a realizar Acordo (se $Y > Cac^q + C^q + z$)</td><td>disposto a ir a Julgamento (se $p.d > Y + Cac^q + C^q + z$)</td></tr>
<tr><td>Com Descoberta</td><td>disposto a ir a Julgamento (se $p.d > C^q + D^q + z$)</td><td colspan="2">disposto a ir a Julgamento (se $p.d > Y + Cac^q + C^q + D^q + z$)</td></tr>
</table>

<table>
<tr><td colspan="2" rowspan="3"></td><td colspan="3">Fases do Processo
(entre 0: não processar; e 1: Julgamento)</td></tr>
<tr><td>Até ao Acordo</td><td>Fase Negocial</td><td>Fase Pós-Negocial</td></tr>
<tr><td>$\int_0^{(C^i+D^i)/p.d}$</td><td>$\int_{(C^i+D^i)/p.d}^{(Y+Cac^i)/p.d}$</td><td>$\int_{(Y+Cac^i)/p.d}^{1}$</td></tr>
<tr><td rowspan="2">Infractor</td><td>Sem Descoberta</td><td>-------</td><td>disposto a realizar Acordo (se $Y > Cac^i + C^i$)</td><td>disposto a realizar Acordo (se $p.d > Y + Cac^i + C^i$)</td></tr>
<tr><td>Com Descoberta</td><td>-------</td><td colspan="2">disposto a realizar Acordo (se $Y + Cac^i + C^i + D^i < p.d$)</td></tr>
</table>

Estes são cenários meramente teóricos porque, como facilmente se depreenderá, o julgamento será (sempre) mais provável quando existe uma situação de optimismo de ambas as partes quanto ao valor estimado para a decisão judicial. Contudo, se alguma das partes (ou ambas) subestimar(em) o valor do prejuízo causado ou sobrestimar(em) a probabilidade de aplicação possível de factores atenuantes (ou mesmo ilibatórios), o acordo passa, naturalmente, a ter maiores hipóteses de ocorrer.

Neste contexto de ponderação de expectativas, torna-se claro que a informação privada detida pelas partes pode afigurar-se como decisiva.[108] De um modo geral, a partilha (seja a *partilha voluntária*, seja a *partilha forçada* ou *legal* – p. ex., a *legal discovery* norte-americana) de "má informação" (prejudicial para outros) favorece a realização de acordos (porque baixa o valor esperado ou estimado) e, inversamente,

---

[108] Sobre esta matéria, vd., entre outros: CHANG, Howard F.; SIGMAN, Hilary – "Incentives to settle under joint and several liability: an empirical analysis of Superfund litigation". Pennsylvania, ILE, March 1999, pp. 1-15; DAUGHETY, Andrew F. – "Settlement". In: BOUCKAERT, Boudewijn; DE GEEST, Gerrit (eds.) – *Encyclopedia of Law and Economics. Volume V. The Economics of Crime and Litigation.* Cheltenham, Edward Elgar, 2000, pp. 95-158; FARMER, Amy; PECORINO, Paul – "Civil litigation with mandatory discovery and voluntary transmission of private information". Tuscaloosa, University of Alabama, Economics Working Paper no. 03-08-01, 2003, 27 p.; WANG, Gyu Ho; KIM, Jeong Yoo; YI, Jong Goo – "Litigation and pretrial negotiation under incomplete information", in: *Journal of Law, Economics, & Organization*, 10 (1), 1994, pp. 187-200; FARMER, Amy; PECORINO, Paul – "Bargaining with voluntary transmition of private information: does the use of final offer arbitration impede settlement?". Arkansas/Alabama, *working paper*, July 2000, 28 p.; LEDERMAN, L. – "Precedent lost: why encourage settlement, and why permit non-party involvement in settlements?", in: *Notre Dame Law Review*, 75 (1), 1999, pp. 221-269; DORIAT-DUBAN, Myriam – "Analyse économique de l'accès à la justice: les effets de l'aide jurisdictionnelle", in: *Revue Internationale de Droit Economique*. Bruxelles, De Boeck Université, 15 (1), 2001, pp. 77-100; SANCHIRICO, Chris William – "The burden of proof in civil litigation: a simple model of mechanism design". Columbia, Columbia University, August 1996, 38 p.; MICELI, Thomas J. – *Economics of the Law*. New York, OUP, 1997, pp. 174 e ss.; KRONMAN, Anthony – "Mistake, disclosure information and the law of contracts", in: *Journal of Legal Studies*, 7 (1), 1978, pp. 1-34; SHAVELL, Steven – "Sharing of information prior to settlement or litigation", in: *Rand Journal of Economics*, 20 (2), 1989, pp. 183 e ss..

a partilha de "boa informação" (benéfica) fomenta o julgamento dos casos (ao elevar o valor estimado). Note-se que a partilha de "má informação" por uma das partes pode beneficiar não só a que primeiro a realiza, mas também a outra parte – isto porque o acordo a que se chegar poupará nos custos para julgamento (para ambas as partes), e aproximará, rapidamente, as posições das partes na negociação (embora se reconheça existir sempre uma ligeira vantagem para aquela que revelou, ou que primeiro revelou).

De qualquer modo, nem sempre assim acontece. Na verdade, quanto mais *informação abonatória* (que pode incluir posse de "má informação" sobre a outra parte) houver para uma das partes, menores possibilidades há de acordo se a outra estiver desprovida de elementos idênticos. Por outro lado, a "boa informação" é geralmente guardada pelas partes porque o seu conhecimento pela outra parte reduz o seu pessimismo, tornando o julgamento mais provável, ou o acordo (caso se venha a realizar) menos vantajoso para a parte que revelou. No caso da *legal discovery*, dado que esta é involuntária, é normalmente veiculada "boa informação", o que acaba por conduzir aos resultados indesejáveis acima mencionados.

Do ponto de vista da partilha voluntária de informação, parecem existir *ganhos sociais*. Assim, se a partilha voluntária conduzir à celebração de maior número de acordos, evitam-se julgamentos, poupando-se, de forma significativa, em custos administrativos dos processos. Por outro lado, a partilha voluntária poderá ainda permitir a correcção dos próprios termos do acordo (aproximando-o do resultado expectável do julgamento), ou, mesmo em caso de julgamento, servir para atenuar as possibilidades de erro judicial.

No caso de partilha involuntária (ou *legal discovery*[109]), o julgamento afigura-se, pelos motivos já indicados, mais provável e, por isso, são suportados maiores custos administrativos. Do ponto de vista do erro judicial, a partilha involuntária conduz a uma atenuação ainda

[109] Sobre esta, vd., p. ex.: COOTER, Robert D.; RUBINFELD, Daniel L. – "An economic model of legal discovery", in: *Journal of Legal Studies*, 23 (2), 1994, pp. 435-463; e MULLENIX, Linda S. – "Lessons from abroad: complexity and convergence". Villanova, Villanova University School of Law, Research Paper no. 2000-9, June 2000, *maxime* pp. 33 e ss. [= *Villanova Law Review*, 46 (1), 2001, pp. 1-31].

maior do erro judicial (porque há, em princípio, partilha de "boa informação" que tenha sido eventualmente escondida na fase de negociação do acordo).

Embora teoricamente se possa admitir a possibilidade de inexistência de partilha de informação, ela ocorre quase sempre e com mais ou menos evidentes benefícios para ambas as partes. A esta luz, poder-se-á dizer que a negociação constitui uma espécie de *disputa* sobre informação partilhada, tendo por objectivo a melhoria dos termos dos acordos a celebrar.

Quanto mais (e mais cedo essa) informação for disponibilizada (seja ela *má* ou *boa*), menores hipóteses haverá de julgamento e mais consensual será o valor do acordo (caso este se venha a realizar).[110]

No caso do sistema norte-americano (exemplo de sistema com a *legal discovery* desde 1938), os Tribunais podem (e devem), à luz da *rule 26* da *FRCP*, requerer aos litigantes a revelação pública de certas informações, ou a revelação de informações apenas entre as partes. Nestes casos, tem sido frequente assinalar que a *legal discovery* estimularia o acordo porque reduziria eficazmente o diferencial informativo que pudesse existir. Contudo, é sempre difícil distinguir onde é que a *descoberta* se diferencia da partilha voluntária de informação, do ponto de vista dos resultados, especialmente num quadro de assimetria informativa.[111]

Apesar disto, parece indesmentível a afirmação de que a *legal discovery* pode, em certos casos, constituir um meio privilegiado para a realização de acordos.

---

[110] Paradoxalmente, é por motivos relacionados com a informação (e com a reputação), que se constata a existência de casos irredutivelmente destinados a julgamento. Assim, existirá, em certos casos, um *núcleo duro* de informação que não será revelado: 1) para ser utilizado como "último argumento"; 2) porque a informação é tida como indemonstrável ou, ao menos, de difícil demonstração; 3) porque a informação detida por uma das partes não é simetricamente desfavorável, o que aumenta a desconfiança e diminui as hipóteses de realização de um acordo; 4) porque o silêncio informativo de uma das partes é irrelevante para a decisão final.

[111] A partilha (in)voluntária não reduz, forçosamente, a assimetria informativa (especialmente, como já se referiu, no que diz respeito à "boa informação").

Aliás, tal convicção parece ser fundadamente corroborada pelos seguintes argumentos: 1) poder bloquear ou antecipar os "argumentos de última hora"; 2) quando a *descoberta* é negativa e sobre ambas as partes, estas decidem-se, quase sempre, pelo acordo; 3) poder obstar ao mimetismo (pela parte que tem informação desfavorável a revelar) do comportamento da parte silente (com ou sem motivo para tal, o que é quase sempre indemonstrável); 4) a *legal discovery* não tem que ser acompanhada de elementos probatórios decisivos (o que pode, contudo, permitir à outra parte levantar fundadas suspeições sobre a credibilidade da informação divulgada).

Do ponto de vista do *óptimo social*, os dispêndios adicionais feitos com a *legal discovery* podem ter que vir a ser equacionados, bem como o facto de a sua utilização poder ser, aparentemente, facilmente desviada segundo os fins estratégicos das partes envolvidas (estravazando, portanto, do fim legal que lhe está destinado).

A análise da negociação à luz da *teoria dos jogos* poderá ainda acrescentar alguns dados sobre a influência dos custos da cooperação prévia à decisão de ir (ou não) para julgamento.[112]

Numa situação estratégica, as partes podem, como se viu, cooperar ou não cooperar. Para haver cooperação devem existir benefícios pelo menos em valor idêntico aos que existiriam se não houvesse cooperação, senão mesmo superiores. O valor que induz a não cooperação denominar-se-á por *valor de ameaça* (ou *threat value*: v.g. custo do julgamento ou recurso). A soma dos *valores de ameaça* terá de ser igual ao *valor não cooperativo* do jogo. Já a diferença entre o valor por cooperar e o *valor não cooperativo* do jogo corresponderá ao *suplemento por cooperar* ("cooperative surplus"; preferimos, intencionalmente, falar em *suplemento* e não em *excesso* ou *excedente*).

Tendo em conta estes elementos, verifica-se que o comportamento provável da negociação cooperativa conduzirá aos seguintes resultados: 1) as partes dividem (em princípio, em partes iguais) o *suplemento por cooperar*; 2) o valor cooperativo do jogo é igual aos custos do acordo; 3) o *suplemento por cooperar*[113] é, em princípio, positivo.

---

[112] Vd. Cooter et Ulen, 1998, pp. 338 e ss..

[113] Igual à diferença, como se indicou, entre o *valor cooperativo* e o *valor não cooperativo* do jogo (custo global da litigância judicial).

Para que se produza este resultado cooperativo, terão de ser cumpridas duas premissas: 1) as partes têm que ter idênticas expectativas quanto ao resultado do julgamento; 2) as partes têm que suportar aproximadamente os mesmos *custos de transacção* para resolver a disputa.

Se não se registarem divergências, o ganho das partes com a cooperação será de: $VA^q = 0{,}5$ e $VA^i = 0{,}5$; e o *SPC* igual a, p. ex., -5 (custos da cooperação) + 40 (poupança com a cooperação), i.e. = 35. Deste modo se compreende como basta uma pequena divergência (p. ex., maior optimismo) no cálculo, por uma das partes, do *valor de ameaça* (*VA*) para que o *suplemento por cooperar* (*SPC*) baixe drasticamente.[114]

Daqui se deduz, teoricamente, que o julgamento será quase inevitável quando o optimismo de uma das partes exceder a diferença entre os custos judiciais (*CJ*) e os custos do acordo (*Cac*) – o mesmo é dizer, será praticamente inevitável o julgamento se, naturalmente, o *valor não cooperativo* for superior ao *valor cooperativo* do jogo. Resumindo em dois axiomas, na óptica do queixoso:

a) se (Δ) optimismo: $p.d > CJ^q - Cac^q$ → julgamento;
b) se (= ou ∇) optimismo: $p.d \leq CJ^q - Cac^q$ → acordo.

[114] Isto porque se, por exemplo: $VA^q = p.Vitória^q + p.Derrota^q - CJ^q$ (ex.: .8.100 + .2.0 – 20 = 60) e $VA^i = p.Vitória^i + p.Derrota^i - CJ^i$ (ex.: .5.-100 + .5.0 – 20 = -70); o *SPC*, que é igual ao *valor cooperativo* (-5) deduzido o *valor não cooperativo* (60-70), será de: -5 – (-10) = 5. Nesta última circunstância, haveria ainda incentivo (mínimo...) a cooperar e a realizar um acordo. Contudo, com manutenção dos mesmos dados mas $p.Vitória^q$ na ordem dos 91 a 100%, o *SPC* passaria a negativo e, consequentemente, não haveria lugar a acordo.

IV
A LITIGÂNCIA FRÍVOLA

4.1 – A LITIGÂNCIA DE BAIXA PROBABILIDADE

a) Aspectos Introdutórios

A *litigância frívola* pode ser definida como a litigância com baixa probabilidade de êxito provocada pelo queixoso. Este, qual *improbus litigator*, decide levar a questão a Tribunal mesmo apercebendo-se de que o valor que irá obter é inferior aos custos que terá que suportar (supondo-se, naturalmente, que esses custos não são em tal montante que até um *litigante legítimo* se veja nesta situação...).[115]

---

[115] Vd., sobre este tema, entre outros: BEBCHUK, Lucian Arye – "Suing solely to extract a settlement offer", in: *Journal of Legal Studies*, 17 (2), 1988, pp. 437-450; BEBCHUK, L. Arye – "A new theory concerning the credibility and sucess of threats to sue", in: *Journal of Legal Studies*, 25 (1), 1996, pp. 1-25; FARMER, Amy; PECORINO, Paul – "A reputation for being a nuisance: frivolous lawsuits and fee shifting in a repeated play game", in: *International Review of Law and Economics*, 18 (2), 1998, pp. 147-157; KATZ, Avery – "The effects of frivolous suits on the settlement of litigation", in: *International Review of Law and Economics*, 10 (1), 1990, pp. 3-27; INSELBUCH, Elihu – "Contingent fees and tort reform: a reassessment and reality check", in: *Law and Contemporary Problems*, 64 (2-3), 2001, pp. 175-195; BEBCHUK, Lucian Arye; CHANG, Howard F. – "The effect of offer-of-settlement rules on the terms of settlement", in: *Journal of Legal Studies*, 28 (2), 1999, pp. 489-513; BEBCHUK, Lucian Arye – "Suits with negative expected value". In: NEWMAN, Peter – *The New Palgrave Dictionary of Economics and the Law*. London, MacMillan Reference Limited, vol. 3, 1998, pp. 551-554; POLINSKY, A. M.; RUBINFELD, D. – "Does

Normalmente, é costume configurar-se a relação *NEVS* (*negative expected value suit*) → *litigância frívola*. No entanto, podem admitir-se: 1) casos de *litigância frívola* resultantes de *PEVS* (*positive expected value suits*)[116]; 2) casos de *NEVS* supostos por *litigantes legítimos*. Esta segunda hipótese só ocorrerá se os custos orçarem em valores tais que o queixoso se convença do prejuízo económico da litigância (*NEVS*), apesar de poder vir (se insistir...) a receber, no final, um montante superior aos custos subjectiva e objectivamente elevados.

Infere-se, daqui, a impossibilidade de afirmar, sem mais, que os *negative expected suits* ou que os *positive expected suits* traduzem a legitimidade do queixoso. Para uma contabilização dos *proveitos sociais* e *privados*[117]:

---

the english rule discourage low-probability-of-prevailing plaintiffs?", in: *Journal of Legal Studies*, 27 (2), pp. 519-535; CHE, Yeon-Koo; EARNHART, Dietrich – "Optimal use of information in litigation: should regulatory information be withheld to deter frivolous suits?", in: *Rand Journal of Economics*, 28 (1), 1997, pp. 120-134; SCHWARTZ, Warren F. – "Can suits with negative expected value really be profitable?", in: *Legal Theory*, 9 (2), 2003, pp. 83-97.

[116] Apenas se se julgar que os custos processuais são de tal forma baixos que se possa esperar serem inferiores ao valor consagrado em julgamento. O *queixoso frívolo* constatará, no entanto, com inevitável desânimo (caso prossiga para julgamento), que esses custos são superiores aos benefícios (ou que nem poderá retirar qualquer benefício que compense, em alguma medida, os custos já referidos). Sobre outras formas de definir a litigância de baixa probabilidade, vd.: RASMUSEN, vol. 2, 1998, p. 690. Quanto às implicações, no julgamento ou no acordo, da passagem, em certo momento do processo, de um *negative expected suit* para um *positive expected suit*, ver: CORNELL, B. – "The incentive to sue: an option-pricing approach", in: *Journal of Legal Studies*, 17 (1), 1990, pp. 173-188; LANDES, W. M. – "Sequential versus unitary trials: an economic analysis", in: *Journal of Legal Studies*, 22 (1), 1993, pp. 99-134.

[117] Salienta-se que o quadro exposto parte de um cenário (meramente teórico) de que não há erro judicial. Se tal fosse considerado, em função da medida ou do tipo de erro, as hipóteses tornar-se-iam inúmeras e (porventura) arbitrárias.

<table>
<tr><th></th><th>Benefício privado</th><th>Benefício social</th></tr>
<tr><td>PEVS (positive expected value suit)</td><td>julga-se existir ($p.Cpr.^q < p.d$)</td><td rowspan="3">pode (ou não) existir[118]</td></tr>
<tr><td>NEVS (negative expected value suit)</td><td>julga-se não existir ($p.Cpr.^q > p.d$)</td></tr>
<tr><td>Litigância Frívola (c/PEVS)</td><td>não existe ($Cpr.^q > d$)</td></tr>
<tr><td>Litigância Frívola (c/NEVS)</td><td>não existe ($Cpr.^q > d$)</td><td>pode (ou não) existir[119]</td></tr>
</table>

Por outro lado, como justificar a existência de *litigantes frívolos*? Do ponto da contabilização prévia dos benefícios privados, afigura-se aparentemente ilógica.

No entanto, certas pistas para a explicação deste paradoxo têm sido delineadas: 1) uma prende-se com a assimetria informativa; 2) outra prende-se com o facto de o queixoso (*frívolo*) iniciar a litigância com um custo reduzido e saber que irá "ganhar" algo em acordo, a não ser que o "infractor" realize um esforço assinalável para a sua defesa[120]; 3) outra prende-se com as diversas percepções das partes quanto ao resultado em julgamento, o que poderá beneficiar o *litigante frívolo*[121]; 4) outra ainda prende-se com a possibilidade de ocorrência de erros judiciais de *tipo-2* (erro *na condenação*).

---

[118] Depende do sentido da decisão judicial (*positive value suit* ou *negative value suit*) e do valor que venha a ser atribuído em julgamento. Se houver confirmação da expectativa, é um *processo meritório*, o que se traduzirá em efeitos de prevenção e sinalização reforçados; se não houver confirmação, a situação redunda numa *litigância frívola* sem quaisquer dos efeitos benéficos.

[119] Aqui se encontram as situações mais difíceis de configurar, dado que não existe benefício privado (*ab initio et in terminis*). Caminhar-se-á para o *óptimo social* apenas se se estabelecer jurisprudência que reforce a sinalização e não diminua as expectativas de *litigantes legítimos*.

[120] Este seria um dos principais objectivos dos *litigantes frívolos*: processar para conseguir um acordo compensador.

[121] Se este souber da percepção (ou da aversão ao risco) do oponente. Sobre esta explicação, vd.: COOTER, Robert D.; RUBINFELD, Daniel L. – "Economic analysis

A forma como se produzem acordos em situações de potencial *litigância frívola* pode explicar o *modus operandi* das pistas apresentadas. Quatro enquadramentos têm sido habitualmente tentados[122]: 1) ambiente de assimetria informativa[123]; 2) ambiente de *simetria informativa* com divisibilidade processual de custos[124]; 3) *idem*, mas sem divisibilidade processual de custos (modelo Rosenberg/Shavell)[125]; e 4) ambiente com interferência da reputação[126].

A lógica do segundo ambiente (um dos mais correntemente tratados) pode ser explicada da seguinte forma [com, por hipótese, os valores: d (dano/valor da decisão) = 650; C^i e C^q (custos do infractor e do queixoso) = 700 cada; note-se que quanto maior for o número de fases, maior é a probabilidade de o *queixoso frívolo* retirar vantagens económicas de um acordo e, *a fortiori*, da própria litigância]:

---

of legal disputes and their resolution". In: Posner, Richard A.; Parisi, Francesco (eds.) – *Law and Economics. Volume 1.* Cheltenham, Edward Elgar, 1997, pp. 238--268.

122 Outras hipóteses de obtenção de acordo por litigantes *frívolos* são indicadas por Bebchuk, Lucian Arye – "Suits with negative expected value". In: Newman, Peter (ed.) – *The New Palgrave Dictionary of Economics and the Law.* London, MacMillan Reference Limited, vol. 3, 1998, p. 552: 1) a existência de um qualquer regime contratual especial com o advogado; 2) o valor esperado para julgamento ficar, até esse momento, abaixo dos custos totais dos litigantes.

123 Com as consequências enunciadas a propósito do modelo de L. Bebchuk (1984).

124 Vd., p. ex.: Bebchuk, Lucian Arye – "On divisibility and credibility: the effects of the distribution of litigation costs over time on the credibility of threats to sue". Harvard, John M. Olin Center of Law, Economics and Business, Working Paper no. 190, 1996. Sobre as consequências da inclusão, num processo com divisibilidade processual de custos, de "cost-free stages", vd.: Bebchuk, L. Ayre – "A new theory...", 1996, pp. 20 e ss..

125 Rosenberg, David; Shavell, Steven – "A model in which suits are brought for their nuisance value", in: *International Review of Law and Economics*, 5 (1), 1985, pp. 3-13. Basicamente, o queixoso seria capaz de impor a realização de um acordo porque a colocação do processo era feita sem (ou com muito poucos) custos ("cost-free stage"), e o suposto infractor teria que incorrer em custos elevados para evitar uma resolução (desfavorável) rápida.

126 Farmer, Amy; Pecorino, P. – "A reputation for being a nuisance: frivolous lawsuits and fee shifting in a repeated play game", in: *International Review of Law and Economics*, 18 (2), June 1998, pp. 147-157.

	Fase I e II (350×2)	Fase I, II, III e IV (175×4)	Fase I, II, III, IV, V, VI, VII (100×7)
Cp (fase I) < *d* → Acordo	350	175	100
200 → Acordo	-	-	100 (Σ = 200)
350 ∧ 300 → Acordo	-	175 (Σ = 350)	100 (Σ = 300)
700 → Julg.; 400 → Ac.	350 (Σ = 700)	-	100 (Σ = 400)
525 ∧ 500 → Acordo	-	175 (Σ = 525)	100 (Σ = 500)
600 → Acordo	-	-	100 (Σ = 600)
700 → Julgamento	-	175 (Σ = 700)	100 (Σ = 700)

Em termos de benefício privado e social, as consequências da capacidade de os queixosos retirarem benefícios económicos a partir de *negative expected suits* (partindo do princípio que retiram), podem esquematizar-se do seguinte modo:

	Benefício privado	Benefício social
NEVS → litigância meritória com resolução por acordo	Existe (se *Vac* > *p.d* + *Cpr.*)	Existe (se do valor do acordo resultar *efeito de prevenção*)
NEVS → litigância frívola com resolução por acordo	Existe (se *Vac* < *p.d* + *Cpr.*)	Não existe

Note-se, por último, que, excepcionalmente, outros aspectos podem condicionar a existência da *litigância frívola* e mesmo alterar a sua configuração teórica, como[127]: 1) a presença de *sunk costs* [S], de

127 Cfr. RASMUSEN, Eric B. – "Nuisance suits". In: NEWMAN, Peter – *The New Palgrave Dictionary of Economics and the Law.* London, MacMillan Reference Limited, vol. 2, 1998, pp. 690-1; KLEMENT, 2000, pp. 1-2, nota 2.

tal modo que $Cpr.^q + S > d$ (= *NEVS*), mas $Cpr.^q < d$ (= *PEVS*); 2) a defesa da reputação de advogado de *litigantes de baixa probabilidade* (segundo os já referidos A. Farmer e P. Pecorino, 1998); 3) os chamados *grudge suits* (só a publicidade negativa que se inflinge no *pseudo-infractor* já é suficiente para o queixoso se sentir satisfeito, embora não economicamente); 4) a necessidade de intentar *processos frívolos* para verificar qual a possibilidade de ganhos que estes permitem.

b) **A Influência do *Mercado de Advogados***[128]

Os *custos da propositura da acção* (*CPA*) podem funcionar como um filtro, mesmo relativamente àquelas acções em que o valor estimado para a decisão final (*VEJ*) ultrapassa largamente aqueles custos. Assim, parece poder-se fomentar ou desencorajar a litigância através de uma correcta combinação da sinalização das decisões judiciais e do montante dos custos judiciais de propositura. Os efeitos práticos dessas medidas seriam, tendencialmente:

a) Se $\Delta CPA \rightarrow \nabla$litigância b) Se $\nabla CPA \rightarrow \Delta$litigância

c) Se $\Delta VEJ \rightarrow \Delta$litigância d) Se $\nabla VEJ \rightarrow \nabla$litigância

e) Se $\Delta CPA \rightarrow \nabla VEJ \rightarrow \nabla$litigância f) Se $\nabla CPA \rightarrow \Delta VEJ \rightarrow \Delta$litigância

---

[128] Vd., sobre o tema, entre outros: HADFIELD, Gillian K. – "The price of law: how the market for lawyers distorts the justice system". Toronto, Columbia Law School (Working Paper no. 157) e Stanford Law School (Working Paper no. 185), October 1999, pp. 17 e ss. [= *Michigan Law Review*, 98 (4), 2000, pp. 953-1006]; RUBIN, Paul H.; CURRAN, Christopher; CURRAN, John F. – "Litigation versus legislation: forum shopping by rent-seekers". Atlanta (GA), Emory University, Department of Economics, October 1999, 27 p.; BEBCHUK, Lucian Arye; GUZMAN, Andrew T. – "How would you like to pay for that? The strategic effects of fee arrangements on settlement terms", in: *Harvard Negotiation Law Review*, 1 (1), Spring 1996, pp. 53-63; ZUCKERMAN, Adrian A. S. – "Le coût du procès en Angleterre", in: *Revue Internationale de Droit Economique*, 13 (2), 1999, pp. 253-265; SMITH, Bradley L. – "Three attorney fee-shifting rules and contingency fees: their impact on settlement incentives", in: *Michigan Law Review*, 90, 1992, pp. 2154-2189; HAU, Harald; THUM, Marcel – "Lawyers, legislation and social welfare", in: *European Journal of Law and Economics*, 9 (3), 2000, pp. 231-254.

Para se poder fazer uma análise da influência do *mercado de advogados* nos *custos de propositura*, ter-se-á que fazer uma distinção prévia, generalista, entre Estados com mercados de prestação de serviços jurídicos rígida e fracamente regulamentados.

Tomando primeiramente um modelo fracamente regulamentado (p. ex., EUA), verifica-se que a maior liberdade contratual advogado-cliente leva à aproximação do comportamento deste "mercado" às condições da *lei da oferta e da procura*. Segundo esta, um aumento do número de advogados fará diminuir o valor pago pelos serviços prestados e, logo, baixar o custo para intentar um processo. Se assim suceder, o reflexo natural será um aumento muito razoável do número de processos instaurados (o que aliás coincide com a situação norte-americana).[129]

Para prevenir este tipo de situações, as associações (ou as ordens profissionais) tentam manter o fornecimento de serviços jurídicos relativamente escasso e, assim, o seu *valor unitário* elevado. Uma forma clara de o fazer é através do estabelecimento de cada vez mais numerosos e complexos requisitos ou *mecanismos de selecção*, académicos, técnicos ou profissionais.[130] O resultado seria a estabilização do número de "agentes" no mercado, o aumento gradual do custo associado às "contingency fees" (*quota litis*) e a redução, também gradual (e talvez forçada), do número de processos.

---

[129] De facto, no caso norte-americano, a crescente utilização das "sliding contingency fees" ou regime de *quota litis variável* [normalmente, aprox.: 1/3 do acordo; 40% do julgamento; 50% do recurso; 0% se o queixoso perder a causa: ver EMONS, Winand – "Expertise, contingent fees, and insufficient attorney effort", in: *International Review of Law and Economics*, 20 (1), 2000, p. 21] tem reflectido o crescimento do *mercado de advogados*: casos que anteriormente não seriam levados a julgamento porque o valor cobrado por hora era desencorajador para o queixoso, são agora aceites por advogados que se pretendem estabelecer nesse mercado. A *quota litis* (*maxime*, na modalidade das "percentage fees") é, segundo informa KRITZER (2001, p. 34), também utilizada na Grécia (com limite de 20%) e na República Dominicana (30%).

[130] Sobre estes e outros tipos de limitações, vd.: HADFIELD, Gillian K. – "The price of law: how the market for lawyers distorts the justice system". Toronto, Columbia Law School (Working Paper no. 157) e Stanford Law School (Working Paper no. 185), October 1999, pp. 46-60.

No que diz respeito, especificamente, às propaladas vantagens das "contingency fees" face às "hourly fees" (remuneração à hora), estas parecem ser aparentes porque as primeiras parecem incentivar a colocação de processos de risco elevado (sejam ou não de *litigantes frívolos*[131]) e tornar desinteressante a resolução por via de acordo[132] (seja para o advogado[133] ou para o litigante). Para além disso, embora a *quota litis* pareça acarretar um menor *risco moral*[134], facilita a divergência de expectativas entre advogado e litigante (o que pode também contribuir para impedir uma resolução negociada).[135]

Em contrapartida, no *modelo europeu continental* (que assenta maioritariamente no estabelecimento rígido ou semi-rígido de preços pelos serviços prestados), verifica-se que o aumento do número de

[131] Sobre este problema, vd.: BEBCHUK et CHANG, 1996; KATZ, Avery – "The effects of frivolous lawsuits on the settlement of litigation", in: *International Review of Law and Economics*, 10 (1), 1990, pp. 3-27; DANA Jr., J. D.; SPIER, K. E. – "Expertise and contingent fees: the role of asymmetric information in attorney compensation", in: *Journal of Law, Economics, & Organization*, 9 (2), 1993, pp. 349-367; BUFFONE, D. C. – "Predatory attorneys and professional plaintiffs: reforms are needed to limit vexatious securities litigation", in: *Hofstra Law Review*, 23, 1995, pp. 655--692.

[132] Veja-se a comprovação feita por: BEBCHUK, Lucian Arye; GUZMAN, Andrew T. – "How would you like to pay for that? The strategic effects of fee arrangements on settlement terms", in: *Harvard Negotiation Law Review*, 1 (1), Spring 1996, pp. 55 e ss.. No entanto, vd., em sentido contrário: HELLAND, Eric; TABARROK, Alexander – "Contingency fees, settlement delay and low-quality litigation: empirical evidence from two datasets", in: *Journal of Law, Economics, & Organization*, 19 (2), 2003, pp. 517-542.

[133] Vd.: THOMASON, T. – "Are attorneys paid what they're worth? Contingent fees and the settlement process", in: *Journal of Legal Studies*, 20 (1), 1991, pp. 187--223; SCOTHMER, S.; RUBINFELD, D. – "Contingent fees for attorneys: an economic analysis", in: *Rand Jounal of Economics*, 24 (3), 1993, pp. 343-356; KRITZER, Herbert M.; KRISHNAN, Jayanth K. – "Lawyers seeking clients, clients seeking lawyers: sources of contingency fee cases and their implications for case handling", in: *Law & Policy*, 21 (4), 1999, pp. 347-375.

[134] Ou antes um maior *risco moral*? Como salienta EMONS (2000), o denominado "expertise problem" não pode ser ignorado, *maxime* em processos com uma forte componente técnica.

[135] Ver, por último, CUMMING, 2000, pp. 258 e ss..

advogados traz não uma regulação automática no preço mas antes o desemprego de muitos dos novos "agentes" e mesmo até de alguns dos já estabelecidos – isto partindo do princípio que o *mercado* atingiu a quantidade máxima que seria suportável pelo sistema judiciário (com aquele número prévio de advogados).

A capacidade de integração no mercado destes novos advogados teria, então, que se fazer: 1) ou por via de maior dedicação (não paga) a cada caso (em número de horas); 2) ou por via do fornecimento de serviços ("para-legais") gratuitos. Só por estas vias se permitiria a entrada de novos processos no sistema judicial. Dado que a concorrência não é feita, como se viu, pelo preço, a tendência, com este sistema, teria que ser no sentido da maior qualidade média dos serviços prestados.[136]

Depois de analisadas, ainda que sucintamente, as consequências da concorrência entre advogados, veja-se agora uma das teorias que procura explicar de que modo estes podem influenciar o próprio volume de litigância. Uma forma egoística, não raras vezes apontada (talvez um eco do anexim *dum pendet, rendet*), de promoção dos interesses próprios seria a de tentar contribuir para uma maior complexidade da Lei (substantiva e processual, ou relativamente a aspectos de prática forense), forçando, assim, ainda mais, à necessidade de utilização dos serviços prestados pelos advogados (aqueles ou outros).

Seguindo o modelo proposto por Michelle White[137], podem ser introduzidas 3 variáveis para a dilucidação do problema: 1) os ganhos financeiros para os advogados (quer se vá até à decisão final, ou se fique por acordo); 2) as expectativas dos litigantes; 3) o nível de

---

[136] Em princípio, porque o que sucede na prática é que os novos advogados são enquadrados, regra geral, nos escritórios dos advogados já estabelecidos – conformando-se aos padrões de serviço (melhores ou piores) aí vigentes. Vd. HADFIELD, Gillian K. – "The price of law: how the market for lawyers distorts the justice system". Toronto, Columbia Law School (Working Paper no. 157) e Stanford Law School (Working Paper no. 185), October 1999, pp. 24 e ss..

[137] WHITE, Michelle J. – "Legal complexity and lawyers' benefit from litigation", in: *International Review of Law and Economics*, 12 (3), 1992, pp. 381-395.

complexidade técnico-legal. O comportamento das variáveis pode ser equacionado no seguinte gráfico[138]:

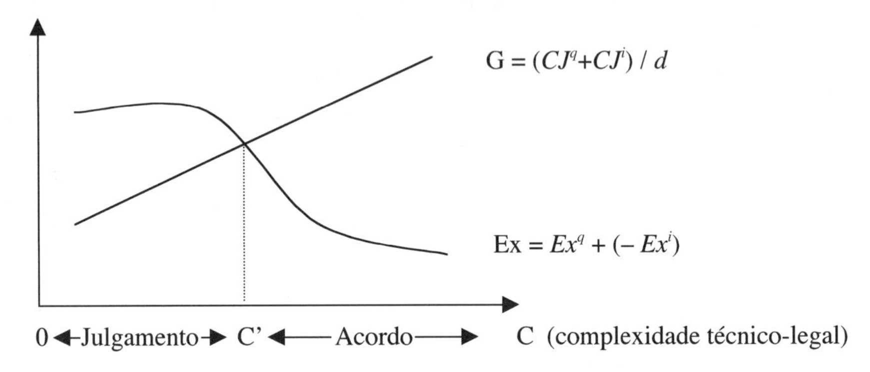

Daqui se poderiam inferir, segundo o modelo, duas proposições básicas (embora meramente tendenciais): 1) se ΔC e, por essa via, se reduzir a incerteza das partes, as expectativas descem (e as partes não vão a julgamento – o que não seria, por regra, do interesse dos advogados); 2) se ΔC mas, por essa via, a incerteza permanecer[139], as expectativas sobem (havendo, consequentemente, mais hipóteses de as partes quererem ir a julgamento – o que aumentaria, ao menos em teoria, os proventos dos advogados).

Um outro modo de análise, que *turva as águas* sobre a influência dos advogados na litigância, é aquele que associa a intervenção dos

---

[138] Vd. MICELI, 1997, pp. 163-4. G: Proporção dos ganhos potencialmente alcançáveis pelos advogados; Ex: Expectativas dos litigantes; CJ^q e CJ^i: Custos processuais das partes com os advogados; C': ponto óptimo de complexidade segundo o interesse dos advogados.

[139] Já a elevada incerteza pode desmotivar os litigantes e baixar os rendimentos dos advogados. Vd. HADFIELD, 1999, p. 28.

advogados à resolução de um tipo particular de *dilema do prisioneiro.*[140]

Gilson e Mnookin[141] apresentam o dilema nos seguintes termos: na presença de um dissenso, uma das partes escolhe a estratégia mais agressiva – o que, como já anteriormente se viu, garante, em princípio, um empate penalizador (custoso) no caso de a resposta também ser (como normalmente se espera) agressiva. Nestas condições, a ruptura do *dilema* far-se-ia com a escolha de advogados ou sociedades de advogados que tivessem construído a sua reputação como conciliadores (o que apenas quer dizer "eficientemente custosos"), sinalizando assim uma intenção de cooperar em qualquer fase pré-judicial ou judicial. Se os litigantes se apercebessem das vantagens mútuas que decorreriam do recurso a estes advogados facilitadores da cooperação[142], os resultados seriam globalmente os mais eficientes – de outro modo, as estratégias de imitação ditariam a intervenção ineficiente de advogados com (ou que acabariam por ceder a) atitudes agressivas ou apenas não cooperativas.

---

[140] Para não referir ainda o "papel economizador" do advogado quando confrontado com uma *quota litis* (o que não é dado assente). Em todo o caso, vd., sobre o assunto: MILLER, Geoffrey P. – "Some agency problems in settlement", in: *Journal of Legal Studies*, 16 (1), 1987, pp. 189-215. Contudo, é necessário afirmar que há quem pense que são precisamente os advogados que contribuem para a existência de um típico *dilema do prisioneiro*, na medida em que o litigante apenas se sentiria (com razão) confiante se pudesse recorrer a advogados, independentemente do que fizessem os outros litigantes – se esta estratégia for comum, um resultado individual óptimo gerará um resultado global subóptimo: ASHENFELTER, Orley; BLOOM, David – "Lawyers as agents of the devil in a prisoner's dilemma game", Princeton University, Industrial Relations Section, Working Paper no. 270, 1990, 43 p..

[141] GILSON, Ronald J.; MNOOKIN, Robert H. – "Disputing through agents: cooperation and conflict between lawyers in litigation", in: *Columbia Law Review*, 94 (2), 1994, pp. 509-549. Vd., também, sobre o papel dos advogados: GILSON, Ronald J. – "Lawyers as transaction cost engineers". In: NEWMAN, Peter – *The New Palgrave Dictionary of Economics and the Law*. London, MacMillan Reference Limited, vol. 2, 1998, pp. 508-514; RUBIN, Paul H.; BAILEY, Martin J. – "The role of lawyers in changing the law", in: *Journal of Legal Studies*, 23 (2), 1994, pp. 807-831.

[142] Racionalmente, esta seria a melhor escolha entre jogadores que se encontram mais ou menos frequentemente em Tribunal (ao contrário da maioria dos litigantes) e que partilham mais ou menos informação, também com razoável frequência.

c) A Influência do Erro Judicial

O erro judicial pode interferir, naturalmente, nos mecanismos de sinalização relativos à prática de certos comportamentos.[143] A esquematização dos problemas que decorrem da existência de um erro judicial, independentemente da gravidade do mesmo, pode ser feita nos seguintes moldes: 1) o erro existe e não foi reconhecido, nem sequer pelos destinatários (*erro oculto*); 2) o erro existe e foi reconhecido pelas partes (*erro revelado e não amplificado*); 3) o erro existe e foi percepcionado pela comunidade (*erro revelado e amplificado*). Numa categoria auxiliar, assinalem-se ainda os casos em que: 4) o erro pode existir e prejudicar uma ou outra das partes indistintamente ("unbiased error"); 5) o erro pode existir mas tende a prejudicar apenas uma das partes ("biased error").[144]

Nenhum dos erros é menor em gravidade que os restantes. No entanto, pode afirmar-se, sem hesitações, que o *erro revelado e amplificado* é, de todos, aquele que mais pode contribuir para o aumento da *litigância frívola*.

Infelizmente, os efeitos *externalizadores* do erro raramente são detectados pelo Tribunal, o que faz com que o impacto da análise feita pela sociedade relativamente a um conjunto de casos conhecidos seja

Sobre as vantagens resultantes do facto de os advogados das partes serem como que *jogadores* de jogos repetidos, vd.: JOHNSTON, Jason; WALDFOGEL, Joel – "Does repeat play elicit cooperation? Evidence from federal civil litigation". Pennsylvania, Preliminary Draft, March 1994, 21 p. [= *Journal of Legal Studies*, 31 (1), 2002, pp. 39-60].

[143] Sobre o erro e os seus reflexos na litigância, vd., p. ex.: SCHWARTZ, 2000, pp. 1038 e ss.; POLINSKY, A. Mitchell; SHAVELL; Steven – "Legal error, litigation, and the incentive to obey the law", in: *Journal of Law, Economics, & Organization*, 5 (1), 1989, pp. 99 e ss.; BOUCKAERT; Boudewijn; SCHÄFER, Hans-Bernd – "Mistake of law and the economics of legal information". In: BOUCKAERT, Boudewijn; DE GEEST, Gerrit (eds.) – *Essays in Law & Economics II: Contract Law, Regulation, and Reflections on Law & Economics*. Antwerpen, Maklu, 1995, pp. 217-245; TULLOCK, 1994, pp. 9-21.

[144] Sobre esta categoria auxiliar, vd.: POSNER, Richard A. – "An economic approach to legal...", in: POSNER, 2000, pp. 406 e ss..

insuspeitado pelos juízes, atentos que estão à avaliação individualizada de processos (a não ser que o processo tenha uma projecção mediática muito razoável). O que pode levar ao risco de os litigantes tentarem escolher, quando possível, o tipo de disputas que querem em Tribunal (segundo os sinais que recebem do *erro mediatizado*) – algo que o Tribunal não é capaz de controlar.

Os litigantes agem, naturalmente, de acordo com o erro que detectam ou mesmo prevêem, podendo até "calcular médias" daquilo que são os resultados habituais nos Tribunais e agir de acordo com essas observações.

A forma como os litigantes e o Tribunal reagem perante situações, reais ou hipotéticas, de erro judicial é algo que carece ainda de estudo aprofundado. Uma das explicações mais válidas, fornecida por E. Rasmusen (1995), assenta nas motivações das partes para processarem, revelando um já suspeitado *mecanismo de estabilização automática* realizado pelos Tribunais. De acordo com este autor: 1) sempre que houvesse sobrestimação dos ganhos do queixoso (por causa do erro), os processos seriam, naturalmente, em número superior; 2) sempre que houvesse subestimação dos ganhos do queixoso (por causa do erro), os processos seriam, naturalmente, em número inferior; 3) sempre que a tendência esboçada fosse para a sobrestimação e para o aumento de processos daí decorrente, o Tribunal, qual mecanismo de equilíbrio, reduziria (ou ver-se-ia forçado, orçamentalmente, a reduzir) os montantes, indo de encontro a um valor médio; 4) na situação inversa, o Tribunal aumentaria os montantes, ao encontro desse mesmo valor médio.

Por estranha que possa parecer esta formulação, não se lhe podem negar algumas vantagens. O Tribunal poderá desempenhar um papel activo, que pode até ser de antecipação – mais do que o mero ajustamento assinalado por E. Rasmusen – às solicitações dos litigantes, por forma a assegurar resultados *socialmente benéficos*. Para a obtenção desses resultados, é igualmente importante a consideração do grau de (im)previsibilidade do erro – genericamente, poder-se-á dizer que, por via de regra, o erro previsto tende a incentivar o aumento da litigância, e o erro imprevisto a desincentivar esse aumento. Uma outra dimensão conexa com esta é a da influência dessa (im)previsibilidade nas atitudes de *litigantes legítimos* e *frívolos*[145] – supõe-se que os *litigantes legítimos* queiram ver os processos decididos em Tribunal (abstraindo de outras variáveis para além dos custos) podendo, assim, dizer-se que resistirão com maior tenacidade ao erro, seja previsto ou imprevisto.

Contudo, do que acaba de ser dito não pode inferir-se, de forma generalizada, que os *litigantes legítimos* estarão sempre dispostos a prosseguir com os seus processos. Limitações de diversa ordem podem fazer com que o litigante desista – p. ex., uma limitação de ordem financeira ou condições oferecidas em acordo proposto vs. consequências de um erro previsto. Por vezes, o próprio *litigante frívolo* apostará na detecção desse erro por parte do outro litigante, isto porque entende que essa detecção pode fazer baixar os ganhos previstos por esse litigante e, desta forma, aumentar as hipóteses de acordo (e a um *valor de compromisso* mais baixo) – correspondendo, assim, a um (senão mesmo o maior) dos propósitos do *litigante frívolo*...[146]

Retomando os mecanismos de ajustamento por via do Tribunal, poder-se-ia dizer que esses mecanismos demonstram também, e em última análise, as dificuldades que resultam do recurso à Justiça por parte de *litigantes frívolos*. De facto, se considerarmos situações de erro na presença de *litigantes frívolos*, os resultados são, sob o ponto de vista social, os mais graves – embora se saiba que à sobrestimação dos ganhos (que conduz a um maior número de processos) se segue, normalmente, uma moderação dos valores concedidos (e um aumento assinalável dos custos processuais).

Essa moderação de valores pode gerar dois tipos de efeitos: 1) incentivar os *litigantes frívolos* a entrarem com processos; 2) desincentivar os *litigantes legítimos* a colocarem os seus processos em Tribunal (o que acarreta custos individuais e sociais relevantes). Mas a subestimação por erro (até ao alcance do valor médio) poderia revelar,

---

[145] Contudo, não se deverá julgar que os *litigantes frívolos* se deixam intimidar pelo cálculo ou presença do erro; pelo contrário, uma das causas para a *litigância frívola* assenta na simples mas nefasta ideia de que, se "alguém, tendo poucas ou nenhumas hipóteses, ganhou", então...

[146] Repare-se que conseguir um acordo nas circunstâncias mencionadas sucederá mesmo que o litigante que foi "arrastado" para Tribunal se aperceba da *frivolidade* do processo...

talvez estranhamente, o mesmo tipo de problemas: 1) desincentivaria *litigantes legítimos*, caso tivessem ganhos inferiores aos (cada vez mais altos) ambicionados; 2) incentivaria *litigantes frívolos*, porque teriam maiores hipóteses de acordo.

Os resultados alteram-se, no entanto, se se considerar a (im)previsibilidade do erro. Nesta circunstância: 1) se o erro for previsível, os *processos frívolos* podem aumentar (e o *litigante frívolo* aumentará o valor pedido, como forma de se sentir seguro quanto à obtenção de algum ganho), mas também podem diminuir (porque o *litigante frívolo*, ao configurar os resultados a que o Tribunal chega perante aquele tipo de litigância, poderá diminuir ou anular a sua expectativa de ganhos); 2) se o erro for imprevisível, os *processos frívolos* só têm tendência para aumentar (porque o *litigante frívolo* considera que o risco é baixo e o ganho pode ser elevado). Como se constata, a certeza quanto ao próprio erro judicial é necessária para a boa gestão da Justiça.

Em caso de erro imprevisível, o *litigante frívolo* apenas deixará de colocar o processo em Tribunal: 1) se os custos do processo forem muito elevados; 2) se o outro litigante for também *frívolo*; 3) se o Tribunal utilizar um qualquer meio de pressão sobre *litigantes frívolos*; 4) se o Tribunal baixar o valor atribuído a um mínimo (o que desincentiva *litigantes frívolos*, mas também *litigantes legítimos*...). Paralelamente a estas duas últimas medidas, o Tribunal pode ainda procurar (eventualmente com um custo a suportar pelas partes – e só suportará sem hesitações quem estiver interessado na detecção e correcção do erro) obter o máximo de informação sobre o erro que terá sido detectado/configurado pelas partes e ajustar a sua actuação em função dessa informação.

Nestas circunstâncias, a importância dos mecanismos de sinalização é óbvia e forte, mas as respostas que dela se obtêm podem não ser claras ou mesmo induzir em erro. Veja-se o exemplo em que um Tribunal verifica a extrema dificuldade que as partes têm para chegar a acordo – neste caso, pareceria possível configurar esta situação como indiciadora da presença de um *litigante legítimo*.[147]

[147] Contudo, é também possível supô-la num caso de desajuste de expectativas entre *litigantes legítimos* ou entre *litigantes frívolos* ou entre uns e outros – i.e., a maior resistência de um litigante não pode ser interpretada como sinal válido da legitimidade do mesmo.

Um outro aspecto que é algumas vezes avocado quando se trata o erro judicial (e os custos para a Justiça com a não detecção dos casos de *litigância frívola*), é o das vantagens da chamada doutrina "stare decisis".[148] Entre as vantagens apontadas a esta doutrina típica dos Estados da "common law" estão as garantias de certeza, estabilidade e consistência técnica das decisões judiciais, aspectos que parecem contribuir para a minimização do erro e, assim, para o desincentivo da *litigância frívola*.

Contudo, importa verificar se a criação do precedente judicial dissuade o *litigante frívolo* ou se, pelo contrário, o compele. De acordo com a opinião de P. Rubin (1977)[149]: 1.a) se ambos os litigantes tiverem interesse em casos futuros (e na presença de regras jurídicas ineficientes), o *litigante frívolo* será um jogador insistente, tentando chegar ao resultado desejado antes da alteração das regras; 1.b) por outro lado, sempre que as regras são eficientes, não existem incentivos para a sua alteração, pelo que o recurso à Justiça, com o interesse que tinha, deixa de se fazer; 2) se apenas um dos litigantes (*frívolo*, insistente) se mostrar interessado na resolução de futuros casos (e na presença de regras eficientes/ineficientes), esse litigante recorrerá à Justiça (arrastando o outro, que não tem interesse); 3) se nenhum dos litigantes se mostrar interessado na criação de precedente, a disputa é resolvida por via extra-judicial, demonstrando-se assim que, para eles, as regras, embora eventualmente ineficientes, não os pressionam de forma suficiente a ponto de sentirem necessidade de recorrer ao Tribunal.

Complementando a análise de Paul Rubin, G. Priest[150] procura demonstrar que, mais do que um desejo de fixação do precedente, o que leva ao surgimento da litigância é a ponderação dos custos gerados pela

---

[148] Considerando a questão do precedente como uma terceira hipótese (além das *supra* referidas) aplicável à análise dos motivos para ir (ou não) para julgamento: LEDERMAN, 1999, p. 3.

[149] RUBIN, Paul H. – "Why is the common law efficient?", in: *Journal of Legal Studies*, 6 (1), 1977, pp. 51-63.

[150] PRIEST, George L. – "The common law process and the selection of efficient rules", in: *Journal of Legal Studies*, 6 (1), 1977, pp. 65-82.

ineficiência das regras.[151] Pelo que se poderia concluir que, qual processo de *selecção natural*, as regras incontestadas (ou eficientes) seriam mantidas, e as regras ineficientes seriam litigadas e relitigadas[152] até que se visse como necessário o seu definitivo afastamento ou substituição.[153]

Sem se poder concluir, com toda a certeza, pela razão de ambos, há contudo um aspecto importante que ambos destacam: apenas os casos levados à Justiça poderão almejar suscitar alterações no sistema legal. O único problema é que, se se tomasse inteiramente à letra uma tal concepção, ainda maior seria a importância a dar aos juízes no surgimento (ou afastamento) da *litigância frívola*. Porque se os juízes apenas podem decidir sobre aquilo que lhes é apresentado, a selecção dos casos a colocar (ou a manter) pelos litigantes passa, também, por uma apreciação (prévia ou constante) do modo de decidir normalmente associado ao juiz, juízes ou tipo de jurisdição. O precedente pode interferir neste raciocínio porque quanto mais inovador for o caso, menor é a base legal, mais distanciado fica o precedente e, em consequência, maior será o grau de liberdade concedido ao julgador (e menor é a capacidade de selecção por um *litigante frívolo*).

A análise da escolha feita pelos litigantes (sejam ou não *frívolos*) em função do tipo de juiz (com um cunho mais liberal ou conservador) surge desenvolvida no modelo exposto por V. Fon e F. Parisi[154], de

---

[151] As regras ineficientes, sendo mais custosas que as regras eficientes, elevam os valores da contenda judicial, levando as partes a preferir a continuação para julgamento do que a resolução por acordo. Logo, deduz-se que as regras ineficientes conduzem a um maior número de litígios.

[152] Sobre a consideração dos custos da relitigância, vd. v.g.: POSNER, Richard A. – *Economic Analysis of Law*. Boston, Little, Brown and Company, 1986, pp. 542 e ss.; SPURR, Stephen J. – "An economic analysis of collateral estoppel", in: *International Review of Law and Economics*, 11 (1), 1991, pp. 47-61; KOBAYASHI et PARKER, 2000, pp. 10-12.

[153] Ver também: COOTER, Robert; KORNHAUSER, Lewis – "Can litigation improve the law without the help of judges?", in: *Journal of Legal Studies*, 9 (1), 1980, pp. 139-163.

[154] FON, Vincy; PARISI, Francesco – "Litigation and the evolution of legal remedies: a dynamic model". Arlington, George Mason University, Law & Econo-

acordo com o qual os queixosos prefeririam optar (quando pudessem), maioritariamente, por juízes "liberais" – que demonstrariam maior predisposição para decidir a favor das pretensões dos queixosos (uma vez que os juízes ditos "conservadores" demonstrariam maior predisposição para declinar essas mesmas pretensões) –, o que impediria a criação de quaisquer precedentes desfavoráveis para os queixosos por parte de juízes "conservadores", menos solicitados, levando até a que estes se submetessem, com o decorrer do tempo e quando chamados a decidir, aos novos precedentes judiciais "liberais"...

Assim, se o movimento da maioria dos litigantes fosse na direcção dos juízes "liberais", seria de esperar: ou que 1) a exigência se viesse a atenuar com a passagem do tempo, tornando os juízes "cada vez mais liberais", o que incentivaria a entrada de um número cada vez maior de processos; ou que 2) a exigência seria superior a partir do momento em que os juízes "liberais" deixassem de o ser por verem o aproveitamento pernicioso feito por parte de certos litigantes. Independentemente da importância do precedente[155], a ponderação destas "opções" poderia ser importante, dado que elas podem ter a capacidade de condicionar a qualidade da resposta do sistema judicial.[156]

---

mics Working Paper no. 02-17, 2002, 18 p.. Vd. ainda: HARNAY et VIGOUROUX, 1999, pp. 187 e ss.; WHITMAN, Douglas Glen – "Evolution of the common law and the emergence of compromise", in: *Journal of Legal Studies*, 29 (2), 2000, pp. 753-781.

[155] Vd. ainda: LANDES, William; POSNER, Richard – "Legal precedent: a theoretical and empirical analysis", in: *Journal of Law & Economics*, 19 (2), 1976, pp. 249-307.

[156] Vd., sobre os motivos para a *selecção adversa* de processos judiciais: FON, Vinci; PARISI, Francesco; DEPOORTER, Ben – "Litigation, judicial path-dependence, and legal change". Arlington, George Mason University, Law & Economics Working Paper no. 02-26, 2002, 23 p..

d) A *Rule 11* da *Federal Rules of Civil Procedure* (EUA)[157]

A *rule 11* da *FRCP*, frequentemente apelidada de "stop-and-think-again rule", caracteriza-se por permitir ao Tribunal, *sua sponte*, a imposição de sanções (monetárias, embora sejam admissíveis não monetárias[158]) aos queixosos (ou advogados), quando o caso que tenham levado a julgamento seja considerado *frívolo*.[159]

Na análise feita por Polinsky e Rubinfeld[160], os autores concluíram que esta regra poderia reduzir o número de processos (*frívolos* mas também, indesejavelmente, *legítimos*), bem como reduzir os custos globais com a litigância (mas, neste último caso, apenas se os custos na aplicação das sanções não fossem muito elevados ou ainda se a percentagem de *processos frívolos* não fosse muito elevada). Concluem ainda que a forte possibilidade de desincentivo de *processos legítimos* através do possível erro na aplicação da sanção pode ser minimizada com a subida dos valores atribuídos aos queixosos vitoriosos nos primeiros processos. Uma das importantes críticas apontadas a esta análise pren-

[157] Vd., sobre este tema, entre outros: BEBCHUK, Lucian Arye; CHANG, Howard F. – "An analysis of fee shifting based on the margin of victory: on frivolous suits, meritorious suits, and the role of rule 11", in: *Journal of Legal Studies*, 25 (2), 1996, pp. 371-403; POSNER, Richard A. – *Economic Analysis of Law*. New York, Aspen Law & Business, Fifth Edition, 1998 [1.ª ed. 1973], pp. 563-672; HIRT, Theodore – "A second look at amended rule 11", in: *American University Law Review*, 48 (5), 1999, pp. 1007-1052 (onde se apresenta uma muito completa relação de casos norte-americanos com a aplicação da *rule 11*); BONE, Robert G. – "Modeling frivolous suits", in: *University of Pennsylvania Law Review*, 145 (3), 1997, pp. 519-605; KOBAYASHI, Bruce H.; PARKER, Jeffrey S.; RIBSTEIN, Larry E. – "No armistice at 11: a commentary on the supreme court's 1993 amendments to rule 11 of the federal rules of civil procedure", in: *Supreme Court Economic Review*, 3, 1993, pp. 93-152.

[158] Ver, a este propósito, p. ex.: BEBCHUK, Lucian Arye; CHANG, Howard F. – "An analysis of fee shifting based on the margin of victory: on frivolous suits, meritorious suits, and the role of rule 11", in: *Journal of Legal Studies*, 25 (2), 1996, p. 399; e HIRT, Theodore – "A second look at amended rule 11", in: *American University Law Review*, 48 (5), June 1999, p. 1049, nota 209.

[159] Regra semelhante pode ser encontrada para os "recursos frívolos" (*rule 38* da *FRCP*).

[160] POLINSKY, A. M.; RUBINFELD, D. – "Sanctioning frivolous suits: an economic analysis", in: *Georgetown Law Journal*, 82 (2), 1993, pp. 397-435.

de-se com a não consideração da possibilidade de realização de acordos em processos com possível aplicação da *rule 11*.

Um modelo diverso é o proposto por A. Katz.[161] Contrariamente à análise *supra* mencionada, neste modelo os *processos frívolos* não chegam sequer a julgamento.

Porque é que não chegam os *processos frívolos* a julgamento? De acordo com o modelo, porque a parte que intenta, antecipando-se à decisão final (quando dela tem uma noção suficientemente rigorosa), desiste do processo.[162] A solução para evitar essa "fuga" passaria, segundo Katz, pela prestação, no momento de colocação do processo em Tribunal, de uma espécie de *fiança* contra desistências (que, como é evidente, só surtirá efeitos se o Tribunal souber reconhecer quais os *processos legítimos*).

O efeito da introdução do erro judicial na aplicação da *rule 11* surge também explicado no modelo de Avery Katz. Assim, suponha-se que: 1) σ é a probabilidade de "vitória" do infractor (impondo a aplicação da *rule 11* ao queixoso); que (C^q; C^i) e (C'^q; C'^i) são, respectivamente, os custos da acção a serem suportados pelas partes com e sem a aplicação da *rule 11*; e 2) que Y é o valor da sanção da *rule 11*.

De acordo com a análise feita por Thomas Miceli[163] ao modelo de A. Katz, a possibilidade de a sanção afectar o valor estimado pelos *queixosos legítimos* será igual à probabilidade de êxito sem a possibilidade de aplicação da sanção da *rule 11*, deduzida da probabilidade de insucesso, ou seja: $VEJ'^q = p.d - C^q - (1-p.d).(\sigma.Y + C'^q)$.

Apenas se a expressão for superior a 0 é que o queixoso estará disposto a entrar em litígio judicial. Contudo, mesmo que o valor estimado seja positivo, ele será sempre inferior ao caso em que não haja possibilidade de aplicação da *rule 11* (porque nesse caso, o valor

---

161 KATZ, Avery – "The effect of frivolous lawsuits on the settlement of litigation", in: *International Review of Law and Economics*, 10 (1), 1990, pp. 3-27.

162 No caso português, como é sabido, o decaimento por desistência de qualquer das partes leva ao pagamento das custas. Esta solução pode acabar, contudo, por "forçar" a continuação de processos com fraca margem de êxito ou cujo valor resultante da negociação (se existir) seja inferior ao valor das custas (que previsivelmente têm que ser suportadas).

163 Vd. MICELI, 1997, pp. 190 e ss..

esperado seria o correspondente à parte inicial da expressão anterior, ou seja: $VEJ^q = p.d - C^q$).

Numa situação de equiprobabilidade de êxito, o infractor pode aceitar o acordo por valor igual ao valor estimado pelo queixoso (com aplicação da *rule 11*, relembre-se), ou recusar-se a celebrar acordo. Com a recusa do acordo, os custos esperados pelo infractor serão de: $\delta.[p.d+C^i - (1-p.d).(\sigma.Y-C'^i)]$, sendo δ a *probabilidade binária*[164] de o processo ser considerado *legítimo*. Como sucede com o queixoso, também o valor estimado pelo infractor não sairá, com a aplicação da *rule 11*, beneficiado relativamente à situação em que essa aplicação não estivesse prevista (caso em que: $VEJ^i = p.d+C^i$).

Sumariando os efeitos da *rule 11*, verifica-se que o *limiar de litigância* é agora de: $L' = VEJ'^q / VEJ'^i = [p.d-C^q - (1-p.d).(\sigma.Y+C'^q)] / \delta.[p.d+C^i - (1-p.d).(\sigma.Y-C'^i)] = [(p.d-C^q) - p.\text{R11}] / \delta.[(p.d+C^i) - p.\text{R11}]$, desde que $\delta = 1$ e $L' > 1$.

Logo, prova-se que L' envolve, em qualquer caso, expectativas inferiores a L [porque $L = (p.d-C^q) / (p.d+C^i)$][165]. Como todos os queixosos que se podem sujeitar a sanções em fase de julgamento presumem-se *legítimos* (uma vez que os outros, como se disse, desistiriam), as sanções, se aplicadas, acabam por provocar, paradoxalmente, o aumento da litigância *frívola* (tendo em vista desistir em fase de acordo ou antes ainda).

É possível, no entanto, dizer que a *rule 11* aumenta, apesar de tudo, a probabilidade de realização de acordos (que podem ser mutuamente satisfatórios) – baixando, contudo, o valor destes, quer esteja em causa um *processo legítimo* ou, sobretudo, um *processo frívolo* (e só neste último caso parece ser possível descortinar um mérito da *rule 11*).[166]

---

164 Logo, condicionante do resultado da expressão, porque δ ou é 0 (não se aplica a *rule 11*) ou é 1 (aplica-se).

165 Apenas se $L > 1$ haverá motivo para litigar, mas os valores das expectativas são maiores.

166 BEBCHUK et CHANG, June 1996, p. 401, propõem que a *rule 11* abarque não apenas a penalização mas também um ganho adicional para os litigantes que vençam os processos.

Refira-se, ainda, que nos EUA tem sido debatida a segunda oportunidade dada ao *litigante frívolo* com a "safe harbour provision" [*rule 11* (*c*) (*1*) (*A*)] – de acordo com a qual se permite o re-exame da acção e, se o entender, a retirada da mesma[167].

[167] Ver HIRT, Theodore – "A second look at amended rule 11", in: *American University Law Review*, 48 (5), 1999, pp. 1030-1031. Sobre a *rule 11*, vd. ainda, genericamente: KEELING, Byron C. – "Toward a balanced approach to «frivolous» litigation: a critical review of federal rule 11 and state sanctions provisions", in: *Pepperdine Law Review*, 21, 1994, pp. 1074-1077; CUTLER, Howard A. – "A practioner's guide to the 1993 amendment to federal rule of civil procedure 11", in: *Temple Law Review*, 67, 1994, p. 265; TOBIAS, Carl – "The 1993 revision to federal rule 11", in: *Indiana Law Journal*, 70, 1994, pp. 173-174; PARNESS, Jeffrey A. – "The new federal rule 11: different sanctions, second thoughts", in: *Illinois Bar Journal*, 83, 1995, pp. 126 e ss.; POWELL, Sidney; SAUCER, Ann S. – "Revised rule 11: is it safer?", in: *Mississipi College Law Review*, 15, 1995, pp. 271 e ss.; LEIFERMAN, Cynthia A. – "1993 rule 11 amendments: the transformation of the venomous viper into the toothless tiger?", in: *Tort & Insurance Law Journal*, 29, 1994, pp. 501-506; PARNESS, Jeffrey A. – "Fines under new federal civil rule 11: the new monetary sanctions for the «stop-and-think-again» rule", in: *Brigham Young University Law Review*, 1993, pp. 887-8. Note-se que a "safe harbour" não é o único alvo de controvérsia, também a "rule 11 separate motion" tem sido muito discutida.

V
OS CUSTOS ECONÓMICO-PROCESSUAIS DA LITIGÂNCIA

5.1 – AS REGRAS DE REPARTIÇÃO DE CUSTOS PROCESSUAIS

a) Comparação entre a *Regra Americana* e a *Regra Inglesa*

Os raciocínios expostos até ao momento assentaram, salvo indicação em contrário, na hipótese neutra, ou mais simples – a de que cada uma das partes assumia os seus custos com a litigância (a denominada *regra americana*: $\eta = 1$; $\lambda = 1$).[168] A inversa desta regra é a denominada *regra inglesa* ($\eta = 0 \vee 2$; $\lambda = 2 \vee 0$), segundo a qual o perdedor da causa paga os custos do processo de ambas as partes.

Quanto a esta última regra, podem ainda funcionar variantes. A *regra inglesa* pode assim ser *unilateral* (quando se aplique apenas em favor do queixoso) ou *bilateral* (quando admita a possibilidade de o queixoso perder e, por esse motivo, pagar os custos processuais do presumido infractor).

---

[168] Notas: η = presumível infractor; λ = queixoso; 1 = pagamento total de custos próprios; 0 = não pagamento de custos; 2 = pagamento total de custos próprios e alheios. Note-se que a *regra americana* não é aplicável no estado do Alasca [sobre esta excepção ver: DI PIETRO, Susanne *et alii* – *Alaska's English Rule: Attorney's Fee Shifting in Civil Cases*. Anchorage, Alaska Judicial Council, 1995; e DI PIETRO, Susanne – "The english rule at work in Alaska", in: *Judicature*, 80 (2), 1996, pp. 88-92].

Como é fácil de constatar, estas variantes podem ter influência no *incentivo a processar*: a *variante unilateral* pode servir para estimular a litigância quando se julgue que esta está abaixo do mínimo socialmente desejável; por seu lado, a *variante bilateral* pode servir para refrear o excesso de litigância e, em particular, a denominada *litigância frívola*. Pode então deduzir-se que, quer a *regra americana*, quer a *regra inglesa*, são facilmente capazes de produzir variações nesse incentivo.[169]

De facto, não será difícil confirmar o claro incentivo à litigância judicial por parte da *regra inglesa* (principalmente se se tiver em conta o excesso de confiança no êxito por parte do queixoso propositor da

---

[169] Vd., sobre estas regras, entre outros: COOTER, Robert D.; RUBINFELD, Daniel L. (1989) – "Economic analysis of legal disputes and their resolution". In: POSNER, Richard A.; PARISI, Francesco (eds.) – *Law and Economics. Volume 1*. Cheltenham, Edward Elgar Publishing Limited, 1997, pp. 238-268; KATZ, Avery Wiener – "Indemnity of legal fees". In: BOUCKAERT, Boudewijn; DE GEEST, Gerrit (eds.) – *Encyclopedia of Law and Economics. Volume V. The Economics of Crime and Litigation*. Cheltenham, Edward Elgar, 2000, pp. 63-94; HUGHES, James; SNYDER, Edward A. – "Litigation and settlement under the english and american rules: theory and evidence", in: *Journal of Law & Economics*, 38 (1), 1995, pp. 225--250; ZUCKERMAN, Adrian A. S. – "Le coût du procès en Angleterre", in: *Revue Internationale de Droit Economique*, 13 (2), 1999, pp. 253-265; MICELI, Thomas J. – *Ob. cit.*, 1997, pp. 156-230; KATZ, Avery – "Measuring the demand for litigation: is the english rule really cheaper?", in: *Journal of Law, Economics, & Organization*, 3 (2), 1987, pp. 143-176; BAYE, Michael R.; KOVENOCK, Dan; VRIES, Casper G. de – "Comparative analysis of litigation systems: an auction-theoretic approach". Munich, CESifo Working Paper Series, Working Paper no. 373, November 2000, 38 p.; WIJCK, Peter Van; VELTHOVEN, Ben Van – "An economic analysis of the american and continental rule for allocating legal costs", in: *European Journal of Law and Economics*, 9 (2), March 2000, pp. 115-125; PLOTT, Charles R. – "Legal fees: a comparison of the american and english rules", in: *Journal of Law, Economics, & Organization*, 3 (2), 1987, pp. 185-192; KOBAYASHI, Kayoko – "Settlement vs. trial under alternative litigation fees: a game theoretic approach". Philadelphia, University of Pennsylvania, 2002, 28 p.; PRIEST, George L. – "Regulating the content and volume of litigation: an economic analysis", in: *Supreme Court Economic Review*, vol. 1, 1982, pp. 163 e ss.; SNYDER, Edward A.; HUGHES, James W. – "The english rule for allocating legal costs: evidence confronts theory", in: *Journal of Law, Economics, & Organization*, 6 (2), 1990, pp. 345-380.

acção). E se o excesso de confiança das partes for mútuo, a aplicação da *regra inglesa* ainda reduzirá mais a margem para acordo, o que acentuará também o já referido excesso de litigância.

Esse efeito parece poder ser amenizado, porém, pelo menos, através de duas vias: o funcionamento estrito da regra do precedente; ou a aversão ao risco das partes (diminuindo o número de julgamentos ou aumentando o número de acordos[170]).

Para se computarem os valores esperados pelas partes (nomeadamente pelo queixoso) ao longo do processo, far-se-á a comparação[171], em separado, das *regras americana* e *inglesa*.

Em relação à *regra americana*, suponhamos o seguinte: 1) que o valor máximo esperado ou possível para o queixoso é de 100 (e o do acordo é de 50); e 2) que a probabilidade de ganhar diminui à medida que se avança no processo. Assim, sendo VEP, VEB, VEJ e VER, respectivamente, os valores esperados nas fases de propositura da acção, de negociação, de julgamento e de recurso:

---

170 Assim, p. ex., na experiência levada a cabo por COURSEY, D. L.; STANLEY, L. R. – "Pre-trial bargaining behavior within the shadow of the law: theory and experimental evidence", in: *International Review of Law and Economics*, 8 (2), 1988, pp. 161-179. Uma última modalidade, mais complexa que as duas *regras*, é a da "offer-of-settlement", segundo a qual as despesas processuais são suportadas pela parte que tenha recusado um acordo (caso ele tenha sido proposto) e depois venha a ser condenada por valor superior ao do acordo. Também neste caso se podem configurar as *variantes unilateral* e *bilateral* [no caso da *variante bilateral* é necessário referir que se o infractor for condenado em valor inferior ao do acordo verá parte – o diferencial existente (aqui reside a diferença face à *rule 68*) – ser pago pelo queixoso que recusou a oferta]. Sobre esta modalidade vd.: BEBCHUK, Lucian Arye; CHANG, Howard F. – "The effect of offer-of-settlement rules on the terms of settlement", in: John M. Olin Program in Law and Economics, Working Paper no. 164, August 1998, 23 p. [= *Journal of Legal Studies*, 28 (2), 1999, pp. 489-513]; ROWE Jr., Thomas D.; VIDMAR, Neil J. – "Empirical research on offers of settlement: a preliminary report", in: *Law and Contemporary Problems*, 51 (4), 1988, pp. 13-39.

171 Seguindo de perto a análise de COOTER, Robert; ULEN, Thomas – *Law and Economics*. Reading, Mass., Second Edition, 1998 [*reprint* da ed. 1997], pp. 338--340.

	Probabilidades de Êxito	Custos Esperados
Processar (*VEP*)	.7 Ganhar (G) .3 Perder (P)	46,3 [.7.(50-**1****) + .3.(43,3-**3,3***)]
Bargaining (Negociação) (*VEB*)	.7 G .3 P	43,3 [.7.(50-**1****) + .3.30]
Julgamento (*VEJ*)	.5 G .5 P	30 [.5.100+.5.0 – **20*****]
Recurso (*VER*)	.1 G .9 P	- 10 [.1.100+.9.0 – **20*****]

* Custos da troca de informação. ** Custos do acordo.
*** Custo processual do julgamento.

Nas condições apresentadas, para um valor máximo de 100, apenas se o *VEP* for superior ao custo imposto para a propositura da acção (*CPA*) é que existirá iniciativa para processar.[172] Veja-se, agora, um modelo tão aproximado quanto possível do anterior, para aferir dos efeitos da *regra inglesa* sobre os valores estimados pela parte queixosa, num cenário de optimismo desta:

	Probabilidades de Êxito	Custos Esperados
Processar (*VEP*)	.7 G .3 P	44,5 [.7.(50-1) + .3.(37,3-3,3)]
Bargaining (Negociação) (*VEB*)	.7 G .3 P	37,3 [.7.(50-1) + .3.10]
Julgamento (*VEJ*)	.5 G .5 P	10 [.5.100 + .5.0 – **40***]
Recurso (*VER*)	.1 G .9 P	- 30 [.1.100 + .9.0 – **40***]

* Porque espera ver-se livre dos seus custos e dos custos do infractor.

[172] Caso contrário, se $VEP \leq CPA$, não haverá, quase certamente, iniciativa para processar.

Algumas das conclusões que se podem retirar são as de que em ambos os casos a utilização da instância de recurso é desencorajadora (-30 e -10) e o incentivo para processar e, principalmente, para o julgamento, é superior com a aplicação da *regra inglesa* (já não claramente assim num cenário de pessimismo do queixoso). No entanto, na prática, outros factores podem influenciar estes valores expectáveis. E.g., o valor da condenação estabelecida em Tribunal, que fará aumentar (ou diminuir) as expectativas em cada uma das fases e assim favorecer (ou não) o aumento da litigância. Na verdade, o aumento da quantidade mínima de queixas sobre uma certa matéria tenderá a desencadear uma escalada do valor de condenação pelos Tribunais – contudo, ao ser atingido o limite monetário tecnicamente estabelecido, o Tribunal irá sinalizar involuntariamente (como já foi referido num momento anterior) perante futuros infractores e queixosos que o limite foi atingido, desencorajando o aumento de queixas (justificáveis) e levando, num simples processo de causa-efeito, à diminuição do número de processos e dos valores de condenação.[173]

Retenha-se, todavia, que o pagamento dos custos processuais nem sempre é o maior problema para a parte perdedora. De facto, as questões que se prendem com a reputação (individual, institucional ou empresarial) são muitas vezes decisivas e podem "forçar" a realização de um acordo. Mas mesmo aqui há excepções: p. ex., os casos de litigância por motivos familiares (custódia de filhos menores ou divórcios litigiosos).

b) A *Regra Inglesa*

Um dos aspectos a ter em consideração, a propósito de uma comparação dos resultados alcançados pela *regra inglesa* (impropriamente denominada, por certos autores norte-americanos, de *continental*) e

[173] Como a sinalização do Tribunal (seja positiva ou negativa) não é claramente perceptível pelo queixoso ou pelo seu advogado, o número de processos não se equilibra (tomará antes a forma de uma curva de frequência multimodal crescente) e o *incentivo privado* para litigar resultará, prioritariamente, da *vox populi* que, em cada período específico, se estabelecer.

pela *regra americana*[174], é o de que, sem dificuldade, qualquer tentativa de redução dos custos impostos aos litigantes trará um maior recurso à via judicial. O que parece implicar o seguinte raciocínio, aparentemente contraditório: quanto mais se investir na redução desses custos (quer para os litigantes, quer para o próprio aparelho da Justiça), mais se incentiva a sobrecarga processual (o que pode anular ou inverter a vantagem anteriormente referida).

Não prescindindo do critério da optimização de custos com a Justiça, resta-nos procurar saber se essa sobrecarga é sempre: 1) legítima; 2) indesejável (mesmo sendo legítima); 3) comportável economicamente. A *regra inglesa* será agora alvo de análise individualizada tendo em conta estes aspectos.

Aparentemente, dado que a *regra inglesa* (RI) tem custos totais (2) equivalentes à *regra americana* (RA) mas custos "ex ante" inferiores ("eventualmente 0" em vez de "seguramente 1"), poder-se-ia pensar que a *regra inglesa* incentivaria o maior recurso às instâncias judiciais por comparação com a *regra americana*.

Sendo a *regra inglesa* uma regra de repartição de custos que inclui uma margem de risco (não presente na *regra americana*), supõe-se que a resposta a dar sobre os efeitos da *regra inglesa* dependerá essencialmente da aversão ao risco do queixoso. De tal modo que, se o *queixoso legítimo* não quiser incorrer no risco: 1) ou não processa (com os custos sociais inerentes); 2) ou processa mas acaba, mais cedo ou mais tarde, por realizar um acordo com o infractor[175]. Na situação de aversão ao risco, a litigância diminui mas mascara "falsos acordos", que apenas ilustram o condicionamento sentido pelos queixosos relativamente à *regra inglesa*.

Na hipótese de o queixoso não sentir aversão ao risco, poderá verificar-se uma de duas situações: 1) ou avança e processa (ganhando, em princípio, mais do que com a aplicação da *regra americana*); 2) ou

[174] Sobre esta comparação, ver também, com bastante interesse: EMONS, Winand; GAROUPA, Nuno – "The economics of US-style contingent fees and UK-style conditional fees". Bern, Volkswirtschaftliches Institut, DP no. 04-07, 2004, 18 p..

[175] O que pode significar anular certas vantagens que decorrem do julgamento de *processos legítimos* – v.g., a sinalização –; e mesmo o valor do acordo pode vir a ser insuportavelmente baixo tendo em conta a gravidade de certas matérias.

chega a um acordo (mas nesse caso ditará as regras da negociação, assegurando que o *valor de compromisso* alcançado não será inferior, pelo menos, aos custos judiciais em que incorreu até àquele momento).

A este aspecto da aversão ao risco, sumariamente descrito, Jeffrey Rachlinski[176] acrescenta um outro que, naturalmente, interferiria com os raciocínios anteriores – a capacidade financeira dos litigantes.

Essa interferência dar-se-ia nos seguintes moldes: se os litigantes pretendessem optar pela *regra inglesa* (por comparação com a *regra americana*): 1) os queixosos abastados não veriam razão para alterarem os seus comportamentos (independentemente da aversão ao risco); 2) os queixosos menos abastados arriscariam menos (mesmo no caso de as pretensões serem legítimas); 3) os queixosos pobres arriscariam mais (se a confiança no sistema judicial fosse elevada e o *processo legítimo* – esta não é, contudo, uma decorrência apontada por Rachlinski); 4) os infractores mais abastados seriam insensíveis à alteração da *regra americana* para a *regra inglesa* ou vice-versa; 5) os infractores menos abastados estariam mais dispostos a realizar um acordo do que a chegar à fase de julgamento; 6) os infractores pobres arriscariam mais (caso fossem preenchidas as condições indicadas a propósito dos queixosos pobres).

Uma das análises que permitiu fazer a comparação empírica das vantagens da *regra inglesa* e da *regra americana* resultou da adopção, no estado da Florida, entre 1980 e 1985, da *regra inglesa* para casos de negligência médica. Essa análise, dispersa por dois artigos, esteve a cargo de E. Snyder e J. Hughes e permitiu que se retirassem as seguintes conclusões (numa comparação larga, de 1975 a 1990)[177]: 1) no caso da *regra inglesa*, a aversão ao risco dos queixosos era visível no número superior de desistências e de acordos; 2) tal só poderia dever-se a um *efeito de selecção*, de acordo com o qual os queixosos desistiam dos processos nos quais não esperavam a resolução negociada; 3) apesar de existirem mais acordos (em percentagem do número total

---

[176] RACHLINSKI, Jeffrey J. – "Gains, losses, and the psychology of litigation", in: *Southern California Law Review*, 70 (1), 2001, pp. 163-164.

[177] SNYDER, Edward A.; HUGHES, James W. – "The english rule for allocating legal costs: evidence confronts theory", in: *Journal of Law, Economics, & Organization*, 6 (2), 1990, pp. 345-380.

de processos), o número total de acordos era, ainda assim, inferior com a *regra inglesa*; 4) os infractores dispendiam monetariamente mais num processo com a *regra inglesa*.

No segundo artigo[178], os mesmos autores demonstraram que, com a aplicação da *regra inglesa*, os queixosos obtinham montantes superiores nos acordos, e que existia uma maior percentagem de vitórias destes (por valores superiores aos alcançados com a *regra americana*). Constatar-se-ia, assim, que, com um grau razoável de aversão ao risco por parte dos queixosos, existiam, com a *regra inglesa*, mais desistências do processo mas, simultaneamente, maior sucesso para aqueles que persistissem (sem que, curiosamente, se verificasse para estes uma diminuição progressiva da aversão ao risco).

O que resultaria desta análise, na opinião dos autores, era que, num sistema com a *regra inglesa*, seria menos provável que os queixosos colocassem *negative expected suits* – ou seja, seriam de razoável consistência todos os processos que seguissem para julgamento. Contudo, as limitações desta análise podem não permitir conclusões definitivas – p. ex., um sistema de "tudo ou nada" não incentivará, *cæteris paribus*, à colocação de, precisamente, um maior número de *negative expected suits*?

Por outro lado, verificou-se que, com a *regra inglesa*, as propostas de acordo por parte dos infractores surgiam tarde, isto porque estes acabavam por dispender mais do que com a aplicação da *regra americana*. Apesar disso, o valor das propostas era baixo (por causa dos custos mas também por causa das expectativas depositadas na decisão judicial), o que fazia com que os acordos judiciais fossem, nestes casos, pouco numerosos.

O elemento paradoxal neste quadro é o de que os infractores gastavam mais nos processos e acabavam por chegar a piores resultados (quer o processo fosse *legítimo* ou não).[179] Uma conclusão parece, contudo, indiscutível – a de que, em princípio, o número de acordos

---

[178] HUGHES, J.; SNYDER, E. A. – "Litigation and settlement under the english and american rules: theory and evidence", in: *Journal of Law & Economics*, 38 (1), 1995, pp. 225-250.

[179] Talvez por isso não seja de estranhar que o *lobbying* feito por certas instituições médicas e seguradoras tenha surtido efeito cinco anos depois.

realizados tende a baixar com a adopção da *regra inglesa*. Na verdade, com um razoável (e congénito) grau de optimismo das partes, é de esperar que a divergência (mais do que provável) de expectativas quanto aos montantes atribuíveis aos queixosos inviabilize, muitas vezes, a realização de acordos.

Daqui poderia decorrer o raciocínio de que a *regra inglesa* promove mais litígios e menos acordos. Só que a aversão ao risco pode contrariar parcialmente este resultado – sendo, nesta óptica, preferível suportar "seguramente 1" e não "eventualmente 2". O fraco peso desta aversão só poderá ser explicado com o excessivo optimismo dos queixosos. Este optimismo pode ter por base diversos factores mas parece, em qualquer caso, resistir ao decurso do tempo (o que significa que faltará, por vezes, a devida sinalização, demonstrando, claramente, que certos níveis de optimismo não são realistas por comparação com as taxas de sucesso verificadas nos Tribunais).

Um outro aspecto que não deve ser subalternizado é o que se prende com a "confiança cega" dos litigantes quanto a um bom resultado final com a *regra inglesa*, especialmente se se tiver em conta que estes acabam por alcançar, muitas vezes, fracos resultados em comparação com os avultados custos que suportam, motivados que foram pelos *media* (ou pelo advogado...) para prosseguirem até julgamento.

Se existir um ligeiro aumento nos montantes atribuídos, os queixosos potenciais estão dispostos a gastar mais com os seus processos (mesmo sabendo que não é crível uma alteração das probabilidades de êxito ou um novo aumento do montante atribuído em casos semelhantes). E o mesmo se pode dizer em relação ao infractor: esperançado, insiste, de forma aparentemente irracional, gastando mais sem garantias adicionais ou, pelo menos, gastando mais do que o necessário para fazer valer garantias "esperadas" ou "prometidas".

c) **Outras Regras de Repartição de Custos Processuais**

Outras regras de repartição de custos que valerá a pena mencionar são: 1) o *sistema continental*, no qual o perdedor paga os seus custos e uma fracção das despesas do vencedor ($1 \leq \eta < 2$; $0 \leq \lambda < 1$); 2) o denominado *sistema Quayle*, no qual o perdedor paga os seus custos e paga ao vencedor um valor equivalente a esses custos ($\eta = 2$ [180]; $\lambda = 1$); 3) o denominado *sistema Marshall*, no qual o vencedor paga os seus custos e os do perdedor! ($\eta = 0$; $\lambda = 2$); e 4) o denominado *sistema Matthew*, no qual o vencedor paga os seus custos e paga ao perdedor um valor (calculado previamente) numa certa proporção dos custos do vencedor ($\eta = 1$; $1 < \lambda < \infty$).[181]

Uma referência, ainda, para outras duas regras: *regra pró-queixoso* (*Vitória*^{q}: $\lambda = 0$; $\eta = 2$; *Derrota*^{q}: $\lambda = 1$; $\eta = 1$) e *regra pró-infractor* (*Absolvição*^{i}: $\eta = 0$; $\lambda = 2$; *Derrota*^{i}: $\eta = 1$; $\lambda = 1$). Os efeitos que estas duas regras podem gerar são, em certa medida, previsíveis: enquanto que a *regra pró-queixoso* aumenta as probabilidades de litigância (mais do que a *regra inglesa*, onde a incerteza é quase total), podendo sobrecarregar o aparelho judiciário com processos de duvidosa "legitimidade"; na *regra pró-infractor*, o *óptimo social* não é, também, atingido, quer por deficiente sinalização (e penalização) quanto a condutas ilegais, quer por desincentivo explícito da litigância (afastando *processos meritórios* de grande e, em especial, pequeno montante).

Quais são, globalmente, os efeitos destes sistemas e regras? Através do impacto que o total de despesas tem no comportamento dos litigantes e, consequentemente, nas expectativas de êxito que os mesmos criam, parece viável aferir a operacionalidade das regras e sistemas mencionados. Assim, para a verificação dos reflexos que o nível de despesas tem no comportamento dos litigantes, dividir-se-á a análise de acordo com a perspectiva do potencial infractor e do potencial queixoso.

A análise é, assim, bipartida e *ante litem*.[182] Para o queixoso, o sistema preferível (incluindo a RA e a RI) é, por ordem decrescente: RI

---

[180] Note-se que, neste caso, "2" significa apenas que paga o dobro dos custos em que incorreu; logo, não há necessária correspondência desse montante dobrado com os custos da outra parte.

[181] Vd., também: BAYE, Michael R.; KOVENOCK, Dan; VRIES, Casper G. de – "Comparative analysis of litigation systems: an auction-theoretic approach". Munich, CESifo Working Paper Series, Working Paper no. 373, November 2000, pp. 14 e ss..

[182] Não há aqui intromissão de quaisquer outras variáveis.

(se 0) ≥ *sist. cont.* ([0; 1[) ≥ *sist. Quayle* (1) = RA (1) > *sist. Marshall* (2) [= RI (se 2)] > *sist. Matthew* (potencialmente mais que 2). Para o infractor, o sistema preferível (incluindo a RA e a RI) é, também por ordem decrescente: *sist. Marshall* (0) [= RI (se 0)] > RA (1) = *sist. Matthew* (1) ≥ *sist. cont.* ([1; 2[) > RI (se 2) ≥ *sist. Quayle* (2).

Numa análise do total de despesas legais a realizar, potencialmente, pelas partes com o processo judicial, verifica-se que são mais apelativos os seguintes sistemas: *sist. cont.* ([1; 3[) > RI (2; a suportar por η ou λ) = RA (2; $\eta = \lambda$) = *sist. Marshall* (2; λ é a parte onerada) > *sist. Quayle* (3) e *sist. Matthew* (]1; ∞[). Resumindo:

	Custos para o Queixoso	Sistemas com prob. custos 0	Custos para o Infractor	Sistemas com prob. custos 0	Custos Globais (Q + I)
Regra Inglesa (RI)	0 v 2	0	2 v 0	0	2
Regra Americana (RA)	1	-	1	-	2
Sistema Continental	[0; 1[	0	[1; 2[	-	[1; 3[
Sistema Marshall	2	-	0	0	2
Sistema Quayle	1	-	2	-	3
Sistema Matthew	]1; ∞[	-	1	-	]2; ∞[
Regra Pró-queixoso	0 v 1	0	2 v 1	-	2
Regra Pró-infractor	2 v 1	-	0 v 1	0	2

Deduz-se que, tendencialmente, os sistemas que mais incentivam o queixoso são também aqueles que impõem menores custos globais, e que os sistemas que introduzem relativa indeterminação no montante de custos das partes, são os sistemas, *a priori*, globalmente menos apelativos (como o *sistema Matthew* ou a *regra inglesa* – neste último caso, se as expectativas de êxito por cada uma das partes forem reduzidas). Comprova-se, assim, *a contrario*, que, com expectativas elevadas do queixoso, existirá um maior incentivo à litigância (*meritória* ou não) com a *regra inglesa*.

d) A *Rule 68* da *Federal Rules of Civil Procedure* (EUA)[183]

Apesar de, como se viu anteriormente, a *regra americana* conduzir à celebração de mais acordos do que a *regra inglesa*, parece haver ainda um incentivo adicional à resolução de litígios por acordo nos Estados Unidos: a *rule 68* da *FRCP*. Caberá saber o que ela determina e quais os seus efeitos.

A regra determina que o queixoso que recusar uma oferta de acordo que tenha sido feita pelo infractor pagará os custos processuais deste (despendidos após a oferta de acordo), caso o queixoso receba em julgamento menos do que o valor da oferta que lhe foi proposta para acordo. Não há sanção equivalente se o queixoso, nas condições *supra* mencionadas, perder a causa. Em princípio, sendo a *rule 68* uma "cost-shifting rule", poder-se-ia pensar que iria favorecer a celebração de acordos. Contudo, tal não parece ser o resultado da sua aplicação.

Para realizar o teste à regra, seguimos o modelo de Thomas Miceli[184], com igualdade de expectativas dos litigantes e "custos zero"

---

[183] Vd., sobre o tema, p. ex.: POSNER, Richard A. – *Ob. cit.*, 1998 [1.ª ed. 1973], pp. 563-672; MICELI, Thomas J. – *Ob. cit.*, 1997, pp. 156-230; ANDERSON, David A. – "Improving settlement devices: rule 68 and beyond", in: *Journal of Legal Studies*, 23 (1), 1994, pp. 225-246; FARMER, A.; PECORINO, P. – "Conditional cost shifting and the incident of trial: pretrial bargaining in the face of a rule 68 offer", in: *American Law and Economics Review*, 2 (2), 2000, pp. 318-341; CHUNG, Tai-Yeong – "Settlement of litigation under rule 68: an economic analysis", in: *Journal of Legal Studies*, 25 (1), 1996, pp. 261-286; MILLER, Geoffrey P. – "An economic analysis of rule 68", in: *Journal of Legal Studies*, 15 (1), 1986, pp. 93-125; ANDERSON, David A.; ROWE, Thomas D. – "Empirical evidence on settlement devices: does rule 68 increase settlement?", in: *Chicago-Kent Law Review*, 71, 1996, pp. 519-545.

[184] MICELI, 1997, pp. 170-2.

no caso de celebração de acordo. O primeiro aspecto que resulta evidente é o de que, quanto maior for o valor da oferta do infractor, maior será a probabilidade de a *rule 68* ser aplicada ao queixoso.[185] Logo, existindo essa possibilidade de aplicação, o valor estimado pelo queixoso será de $p.d^q - C^q - pG(S).C^i$. O termo final da expressão [$pG(S).C^i$] representa a probabilidade de aplicação da sanção da *rule 68* da *FRCP*.

Sendo esta expressão a tradução do valor esperado pelo queixoso, ela contém o valor mínimo que a proposta de acordo terá que ter para que o queixoso esteja disposto a aceitar. Inversamente, o custo esperado do julgamento para o infractor, em idênticas circunstâncias, será igual a $p.d^i + C^i$. Em princípio, este será o valor mais alto da proposta de acordo que o infractor fará. Concluir-se-á que, num litígio com aplicação possível da *rule 68* apenas para o queixoso[186], é "condição necessária para acordo" que:

$$p.d^q - p.d^i < C^q + C^i + p.G(S).C^i$$

Verifica-se que um possível aumento no cálculo da probabilidade de aplicação da sanção para o queixoso poderá ter como efeito dissuasor reduzir as expectativas do mesmo, o que alargaria as possibilidades monetárias de acordo.[187] Partindo do princípio que as expectativas das partes para acordo são iguais, pode então analisar-se a diferença entre

---

[185] I.e., maior será a probabilidade de o resultado do julgamento ser inferior ao valor do acordo proposto – por este motivo, a probabilidade de aplicação da sanção será positiva ($pG(S) > 0$).

[186] Note-se que, embora a *rule 68* possa ser aplicada a qualquer dos litigantes, nesta alínea e na seguinte far-se-á, por vezes, menção, por mera comodidade, a um "queixoso legítimo" e a um "infractor" (demonstrando, assim, a diversa probabilidade de aplicação da sanção às partes).

[187] A redução de expectativas pode também resultar, indesejavelmente, de uma "manipulação" feita pelo oferente (caso que, a ser detectado, torna, ao contrário do que foi dito, o acordo menos provável, mas ainda assim não impossível).

a simples *regra americana* (RA) e a *rule 68* (R68), na óptica de uma das partes. A título de exemplo, vejamos o caso do queixoso:

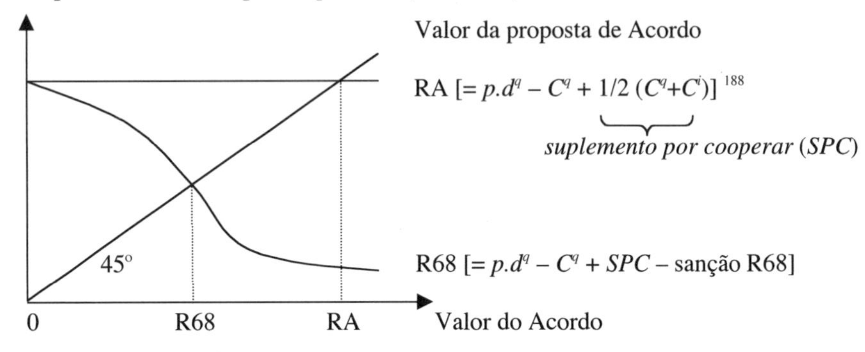

Da leitura do gráfico pode concluir-se que o ponto de equilíbrio para um acordo é encontrado mais facilmente (porque a um *valor de compromisso* mais baixo) com a *rule 68* do que com a *regra americana*. Contudo, também parece demonstrar que a *rule 68* pode provocar maiores desistências, dado o possível agravamento de encargos colocados, *a priori*, aos *queixosos legítimos*. Conclui-se daqui que talvez se agravem os *custos sociais* através desta regra "pró-infractor" (não assim se se tratar de *litigantes frívolos*), dado que os potenciais infractores se sentiriam mais à vontade em caso de litígio. Apesar destas considerações preliminares, as implicações, em toda a extensão, da *rule 68* estão ainda por avaliar.[189]

---

[188] Esta expressão traduz também o resultado da negociação à luz da *regra inglesa* se as expectativas das partes forem iguais (50-50). Se as expectativas do queixoso não forem iguais às do infractor, a parte do *SPC* destinada ao queixoso pode ser inferior ou superior a 1/2 (C^q+C^i).

[189] No entanto, deve dizer-se, desde já, que se afigura difícil encontrar benefícios sociais, tanto mais que, em *causas meritórias*, os queixosos estarão, muitas vezes, dispostos (a não ser que estejam em causa, p. ex., direitos de personalidade ou questões de reputação comercial) a aceitar qualquer valor (desde que positivo) para o

e) **Desenvolvimentos na *Rule 68* e Outras Propostas**

A finalidade da *rule 68* passa por duas vertentes fundamentais: 1) encorajar a realização de mais acordos; 2) evitar julgamentos desnecessários. Verificou-se, contudo, que a *rule 68* apresentava dois tipos de problemas: 1) não integrar o montante das despesas de litigância relativas aos honorários dos advogados; 2) sendo uma "one-way rule", colocar o infractor numa posição de vantagem (dado que este pode condicionar o resultado final em função do valor da sua proposta de acordo – valor que resulta, na mais benigna das hipóteses, da avaliação feita pelo infractor das suas probabilidades de vencer).

Discute-se, no entanto, se a mudança para uma "two-way rule" poderia vir a resultar num incentivo à realização de mais acordos. Na verdade, no caso de o queixoso recusar a oferta e vir a obter montante superior em julgamento, essa "two-way rule" teria apenas o inócuo efeito de transformar numa regra imperativa um já habitual "award for statutory cost" (montante sujeito a possível recusa dos juízes e que não inclui os custos com o patrocínio). E se se reparar com detalhe, esta versão bilateral da *rule 68* aproxima-se, de forma paradoxal, da *regra inglesa*[190].

Um aspecto que poderia melhorar o desempenho da *rule 68* prende-se com o valor a atribuir ao litigante vencedor. Assim, se se optasse pela inclusão de uma parte das despesas realizadas pelos litigantes vencedores com o patrocínio após o acordo, aumentar-se-ia, também, com razoável probabilidade, a aversão ao risco para qualquer litigante, incentivando, pelo menos *a priori*, a litigância de *casos legítimos* de baixo valor e desencorajando, em contrapartida, a colocação de *processos frívolos*.

---

acordo. Veja-se o exemplo simples dado por Richard Posner (1998, p. 633): um queixoso julga que tem 50% de hipóteses de êxito de ganhar $100000 (e, logo, não aceitaria menos que $50000); contudo, estando inseguro quanto à decisão final (é aqui que podem confluir questões como a do erro judicial), aceita a proposta de $40000 do infractor (que está pouco convencido da sua posição: apenas, deduz-se, 40%).

[190] Dado que aquele que não vencer é obrigado a custear as despesas da outra parte (embora, como se disse, apenas aquelas que foram realizadas após a proposta de acordo e só no caso de o valor atribuído em julgamento ser superior ao valor proposto no acordo).

Uma alteração na *rule 68* como a que se acabou de expôr poderá ter reflexos não só na continuação de certos processos, mas também na própria decisão entre processar e não processar – p. ex., os *litigantes frívolos* deixariam de ter incentivo (ou teriam um menor incentivo) para processar[191].

Deve admitir-se, por outro lado, que, em diversos casos, por mais persuasiva que possa parecer a *rule 68* (mesmo com as alterações indicadas), existem razões (objectivas e subjectivas) que tornam a recusa mais do que provável, como, e.g.: 1) o desejo de estabelecer um precedente legal ou jurisprudencial ou de sinalizar, com a recusa da *rule 68*, a importância do processo ou do julgamento do mesmo (causa aparentemente residual); 2) a imprevisibilidade do sentido e termos da decisão judicial, gerando expectativas normalmente inconciliáveis das partes (causa não desprezível); 3) a diferença entre os ganhos potenciais das partes com o julgamento e os custos da litigância, gerando também expectativas normalmente inconciliáveis das partes (causa aparentemente residual); 4) os processos com uma forte componente *emocional*, impedindo qualquer disposição de uma ou ambas as partes para realizar um acordo (causa não desprezível); 5) a falta de vontade das partes para entrar em acordo, apesar do patente irrealismo ou da falta de razoabilidade com que os litigantes avaliam as suas possibilidades de êxito (causa aparentemente relevante); 6) a complexidade do caso e a diversidade ou divergência de interesses das múltiplas partes envolvidas, impedindo um acordo razoável ou suportável pelas mesmas (causa aparentemente residual).

---

[191] Pela inversa, a *litigância legítima*, mesmo que de baixo valor, passaria a dispor de mais e melhores advogados, que teriam maiores hipóteses de ver o seu esforço ser devidamente compensado. O problema está contudo em saber se a aversão ao risco – provocada, p. ex., pelo grau de (in)segurança que as decisões judiciais despertam – destes litigantes legítimos com processos de baixo valor impede a colocação dos processos em Tribunal, com os custos (*privados* e *sociais*) daí decorrentes. A aversão ao risco pode não só traduzir-se na redução do número de processos entrados nos Tribunais como também, no caso particular em análise, na compressão de custos que as partes naturalmente realizariam – antes, durante ou depois da falha na realização de um acordo. O que significa que as partes tenderão, potencialmente, a afastar-se e a não recorrer a meios que permitam a aproximação espontânea das mesmas.

De modo geral, verifica-se que os acordos que forem realizados numa fase inicial do processo trazem maiores vantagens para os litigantes e, portanto, são, à partida, mais fáceis de alcançar do que acordos numa fase tardia do processo, pois os custos envolvidos são, naturalmente, mais avultados. Apesar de tudo, não é incomum verificarem-se acordos em fases posteriores e não em fases iniciais do processo.[192]

Uma outra hipótese de melhoramento da *rule 68*, embora não testada nos EUA, poderia passar pela não compensação da outra parte se as despesas feitas após a proposta fossem superiores à diferença entre o valor da mesma e o valor atribuído em julgamento – o que permitiria impedir gastos supérfluos feitos com o único propósito de conseguir ganhos superiores àqueles que naturalmente resultariam da correcta aplicação da regra.

Algumas regras que vêm sendo aplicadas nos EUA e que merecem referência, pela diversidade de soluções apresentadas, são[193]:

1) a *rule 2.405* da *Michigan Rules of Court* – uma two-way fee-shifting rule", de acordo com a qual o propositor do acordo, se obtiver em julgamento um valor superior, é compensado; mas se houver uma contra-proposta, ele só é compensado se obtiver em julgamento um valor superior à média das duas propostas (e será obrigado a compensar a outra parte se o valor obtido for inferior à média indicada). A grande vantagem desta regra é a de incentivar uma aproximação nas propostas feitas, facilitando a realização de acordos e impedindo propostas intencionalmente irrealistas.

---

[192] Como não é condição para intentar um processo ter 100% de certeza sobre o desfecho do julgamento, as partes tendem a utilizar as fases iniciais do processo para medir a margem de risco existente.

[193] Ver SHAPARD, John E. – "Likely consequences of amendments to rule 68, federal rules of civil procedure". Washington D.C., Federal Judicial Center, 1995, pp. 25-7. Os testes empíricos (que não apenas teoréticos), não só sobre a *rule 68*, como também, de forma ampla, sobre a comparação entre a eficiência demonstrada pelas diversas regras de repartição de custos, são infelizmente em número reduzido. Alguns testes são referidos em: KATZ, Avery Wiener – "Indemnity of legal fees". In: BOUCKAERT, Boudewijn; DE GEEST, Gerrit (eds.) – *Encyclopedia of Law and Economics. Volume V. The Economics of Crime and Litigation.* Cheltenham, Edward Elgar, 2000, pp. 83 e ss..

2) a *section 768.79* dos *Florida Statutes* – uma regra que obriga a compensar a outra parte por custos incorridos após a apresentação da proposta (sejam custos com o patrocínio ou outros), mas apenas na condição do valor atribuído em julgamento ser, pelo menos, 25% inferior à proposta, no caso de esta ser feita pelo infractor, ou 25% superior à proposta, no caso de a mesma ser feita pelo queixoso. O objectivo dos "25%" prende-se com a necessidade do Tribunal ter em conta as situações em que a diferença é tão reduzida que não justifica o encargo. Contudo, existe (pelo menos) um problema – os "25%" podem ser entendidos como uma limitação ou desincentivo à realização de acordos[194].
3) a *rule 68* da *Nevada Rules of Civil Procedure* – uma "two-way fee-shifting rule" que engloba os custos com o patrocínio pós-acordo mas apenas se a recusa do acordo for considerada pelo Tribunal como não razoável ou injustificável.
4) as *sections 998* e *3291* do *California Code of Civil Procedure* – de acordo com a *section 998* (uma "two-way rule"), se a oferta feita ao infractor for inferior ao valor que este é obrigado a pagar ao queixoso por decisão judicial, o infractor deve pagar os custos pós-acordo do queixoso (podendo até incluir, se o Tribunal o entender, despesas pré-acordo ou outras despesas, como as relativas ao recurso a peritos). O raciocínio é similar no caso de ofertas feitas pelos queixosos e que se situem acima do valor atribuído pelo Tribunal. De acordo com a *section 3291*, é permitida a inclusão de juros sobre o valor atribuído pelo Tribunal, contados a partir da data em que a proposta é recusada.
5) a *section 807.01* dos *Winsconsin Statutes* – também uma "two-way rule", de acordo com a qual: 1) se for o infractor a propor (e a perder) deve pagar os custos pós-acordo do queixoso; 2) se for o queixoso a propor (e a perder) deve pagar o dobro dos custos pós-acordo mais juros de 12%, contados a partir da

---

[194] A não ser que os custos pós-acordo recusado sejam superiores à diferença de 25% (o que só se pode saber verdadeiramente se se recusar o acordo...).

data da proposta recusada. Esta regra permite também que o infractor possa declarar, na proposta por si feita, o montante dos danos a pagar se o Tribunal vier a responsabilizar o infractor – se o queixoso recusar este tipo de proposta e perder a causa, nenhuma das partes tem que custear as despesas da outra.

6) a *rule 238* da *Pennsylvania Rules of Civil Procedure* – regra idêntica à da *section 768.79* dos *Florida Statutes* (no que respeita aos 25%), só que com a inclusão de custos relativos aos denominados "damages for delay"[195] (apenas aplicável para certos processos).
7) a *general order no. 93-13* do *U.S. District Court for the Eastern District of Texas* – regra idêntica à regra da Florida só que com a margem de 10%. Em certos casos, o ressarcimento de custos está limitado a um montante igual ao do valor atribuído pelo Tribunal.
8) a *arbitragem facultativa combinada com o ressarcimento de custos com a Justiça* – nesta hipótese, quem estabelece o valor da proposta é uma parte independente que, com custos muito reduzidos, faz uma avaliação do processo; i.e., trata-se de uma "offer-of-settlement", feita por um árbitro, em nome da parte que pretende fazer a proposta. As consequências no caso de o valor atribuído em julgamento ser inferior ao valor da proposta são as típicas da *rule 68*.

Uma segunda modalidade da solução n.º 8 seria a de atribuir ao árbitro o poder de decisão de aceitar ou não uma "offer-of-settlement", o que teria como consequências: a) se o valor atribuído pelo Tribunal fosse superior ao valor que ficou estabelecido no acordo, o acordo era considerado inválido; b) se, inversamente, o valor atribuído pelo Tribunal fosse inferior ao valor que ficou estabelecido no acordo, a parte que tivesse recorrido ao árbitro deveria pagar à outra todas as despesas decorrentes da arbitragem.

---

[195] Com juros correspondentes à *prime rate* + 1%, contados a partir de 1 ano após a colocação do processo em Tribunal e até à data do proferimento da decisão judicial.

5.2 – UMA PERSPECTIVA ECONÓMICA DA MEDIATIZAÇÃO PROCESSUAL

a) A Mediatização Processual[196]

A exposição mediática dos processos decorre, actualmente, da acção de agentes a diversas escalas: 1) os *media* de pequena dimensão (v.g., jornais, rádios ou estações de televisão locais ou regionais); 2) os *media* de grande dimensão (v.g., jornais, rádios ou estações de televisão nacionais); e 3) os *media* internacionais (incluindo a *internet*).

O grau de responsabilidade que têm para com a Justiça é, como resulta evidente, diferenciado, de acordo com a dimensão e projecção que têm, mas também de acordo com a idoneidade que demonstram ou transmitem. Se, a qualquer nível, se deve exigir uma informação clara, completa, fiável e isenta, não é possível ignorar a importância que os *media* têm (vindo a adquirir) na transmissão (com maior ou menor qualidade, voluntária ou involuntariamente) dos resultados e do funcionamento da Justiça e na própria definição da *communis opinio* (que se irá reflectir na média de comportamento dos litigantes) sobre, p. ex., o estado da Justiça e a relação desta com os cidadãos. Tudo isto se poderá resumir com a adopção de uma terminologia aparentemente lógica: captação de *inputs* por via dos *media* e gestão de *outputs* gerados pelos *media*.

A Justiça depara-se com a involuntária absorção de *inputs* que, mesmo que de forma neutra, isolam processos e lhes podem emprestar uma visibilidade eventualmente não merecida, conduzindo a resultados que são individual e socialmente prejudiciais (p. ex., sobre ou subavaliação de custos pelo Tribunal, ou a gestão de informação que é internalizada involuntariamente pelos intervenientes de um processo); e, em simultâneo, com a gestão de *outputs* que não estão a ser controlados (podendo ser deturpados ou desvirtuados) ou que, muito simples-

[196] Sobre este tema vd., p. ex.: ROBBENNOLT, Jennifer K.; STUDEBAKER, Christina A. – "News media reporting on civil litigation and its influence on civil justice decision making", in: *Law and Human Behavior*, 27 (1), 2003, pp. 5-27.

mente, decorrem de quebras ou deficiências de comunicação entre os diversos operadores da Justiça (tome-se o exemplo do rigor ou da extensão da linguagem técnica, pouco compaginável com o imediatismo actual) e os *media* (impulsionados por uma necessidade ou vontade de "vulgarização" que rege a maioria dos propósitos informativos e pouco aceitável perante *subtilezas* jurídicas que revelam um impacto prático mais ou menos evidente, mas quase sempre justificável).[197]

Como é evidente, as observações feitas não pretendem pôr em causa a possível importância benéfica da tarefa informativa dos *media.* No entanto, facilmente poderá verificar-se que basta uma má transmissão de informação para que tal resulte na multiplicação em cadeia de efeitos prejudiciais: note-se como é muito mais fácil alarmar ou consciencializar a *communis opinio* com a publicitação de um julgamento onde, aparentemente, "não se fez Justiça", do que no caso inverso.

A este respeito, poder-se-ia encontrar novamente um *dilema do prisioneiro*, o qual arrastaria (involuntariamente) advogados (e mesmo outros agentes da Justiça) para a divulgação, indesejável, de informação ao público. Suponha-se a fuga de informação protegida, via *media*, que diga respeito à investigação ou à estratégia de cada um dos litigantes. Nessa circunstância, sob pena de manipulação inconsciente do processo, um ou, naturalmente, todos os advogados (estes em primeira linha) procurarão os meios de comunicação para limitar a fuga.

Com a fraca blindagem da informação, o resultado final deste *dilema* seria, possivelmente, subóptimo – prejudicando a Justiça no caso concreto e na imagem que dela retira o público (de forma errada ou, pelo menos, distorcida).

O controlo processual da informação (e não a divulgação como, por vezes, certos *media* pretendem) é fundamental para o apuramento da verdade, qualquer que seja o tipo de processo em causa. Daqui não se pode inferir, porém, que a *liberdade responsável de informar* venha

---

[197] Não se coloca em dúvida que uma certa "vulgarização" seja necessária; no entanto, deixar apenas aos *media* a tarefa de difundir os resultados é aumentar as hipóteses de ocorrência de diversos problemas mensuráveis: aversão ao risco, *selecção adversa* ou sinalização grosseira.

a colidir, inevitavelmente, com o respeito pelo controlo democrático da informação legalmente protegida.[198]

Importa ainda acrescentar que, embora a "vulgarização" pelos denominados *media* "tradicionais", por demais debatida, seja, *a priori*, uma *espada de dois gumes* (mesmo do ponto de vista económico), também a "vulgarização" através dos novos *media* (em especial, a *internet*) tem ajudado a acentuar as vantagens e desvantagens dos meios de comunicação globais. De facto, não é sem alguma estupefacção que se acaba de saber que um dos "consultores jurídicos" mais solicitados num dos *portais* norte-americanos mais conhecidos é um jovem (de muito razoável intuição jurídica mas) com apenas 15 anos...

Chegados a este ponto, múltiplas questões podiam, com a maior legitimidade, ser colocadas: 1) quantos eventuais processos são impedidos ou gerados através destas "consultas"?; 2) como é que quem consulta acredita num jovem que, embora capaz de uma linguagem acessível e, numa primeira análise, credível, tem apenas 15 anos (publicitados!)?; 3) será que os *custos de transacção* são elevados ao ponto de conduzir os potenciais litigantes a atitudes aparentemente irracionais?; 4) será possível supôr-se que a *web* proporciona um grau de segurança e fiabilidade maior do que o sistema judicial?; 5) se há valores que a Justiça não pode negociar, como é que pode reagir se esses valores forem diminuídos através destes comportamentos condicionados por factores exógenos de muito difícil controlo?; 6) como será possível minimizar ou eliminar os efeitos (ao nível dos *custos sociais* e *privados*) resultantes da publicidade – seja incompleta, distorcida ou ocultada – relativa a processos judiciais e proveniente de (mais ou menos impolutos) *sites* da *web*?

Porventura tão ou mais gravoso é o fenómeno (*via* tv ou *internet*) dos *simulacros processuais*, intencionalmente híbridos (nem completamente reais, nem completamente fictícios – e procurando, quase sempre, despertar instintos básicos de *justiça primária*). A aparência de Justiça que se transmite corresponde a uma imagem distorcida, ora desencorajadora ou descredibilizadora, ora animadora ou facilitista.

---

[198] A violação desse respeito deve ser severamente punida, porque os efeitos económicos e não económicos que suscita em cadeia são quase (ou são mesmo) irreparáveis.

Sem receio das palavras, a ideia de que controlar ou até banir este tipo de "espectáculos" garante um mínimo de estabilidade ao aparelho judicial é inteiramente válida e economicamente eficiente.[199]

Outros problemas da mediatização sem regras e que devem ser, quanto antes, combatidos, incluem também: 1) a selecção (que é sempre discricionária) de processos "a mediatizar" (o que contribui para a descrença dos *litigantes legítimos* e para o aumento da confiança dos *litigantes frívolos*); 2) a já referida inclusão dos advogados num típico *dilema do prisioneiro*, segundo o qual se estes não intervierem publicamente (contribuindo para a maior mediatização), sentem, eventualmente com razão, que os seus constituintes serão prejudicados por informações pouco ou nada rigorosas.

O resultado é mais uma vez, como não poderia deixar de ser, subóptimo – mas sem que aqueles que desejam Justiça pretendessem entrar neste dilema...

Um outro fenómeno, relacionado com o que se referiu, também não desprezível e que influencia de forma muito razoável as decisões de litigantes e o funcionamento do sistema judicial, merece (e merecerá cada vez mais) alguma atenção: cada vez mais litigantes julgam que a posse de uma vasta (mesmo que pouco...) ou recôndita "informação jurídica" substitui ou suplanta mesmo a capacidade de análise e aplicação do Direito próprias de quem é profissional e está credenciado para essa tarefa (embora, em certos casos, possa ser uma ajuda não enjeitável...).

b) As Sanções Atípicas (*Non-Legal Sanctions*)

Uma das áreas, ainda relativamente pouco explorada da *Law and Economics*, que pode estar estruturalmente relacionada com a questão da exposição mediática dos processos e dos custos daí decorrentes diz

[199] Pretender outra via significaria permitir o florescimento de uma espécie de "contra-cultura jurídica", vorazmente populista, alheia ao mínimo respeito pelo distanciamento, seriedade e tempo exigíveis e próprios do sistema judicial, por mais eficiente que seja.

respeito às chamadas *non-legal sanctions*[200], daqui em diante traduzidas pela expressão de *sanções atípicas* (*Sat*), porque resultantes de cálculos não ortodoxos. Embora a sua aplicação em áreas como as relativas a condutas anti-*trust* esteja em franco desenvolvimento, *maxime* nos E.U.A., a extensão para casos de responsabilidade civil (e criminal) tem sido difícil e polémica. Não deixará, contudo, de ser interessante verificar em que medida podem minimizar custos sociais e influenciar os níveis de litigância.

Para que se entenda o conceito de *sanções atípicas*, será necessário determinar, previamente, os elementos constitutivos e as condições de aplicação.

Pode dizer-se que estas *sanções* são apuradas através do balanceamento das *sanções sociais* (sinalização, perda de reputação pessoal/ /profissional, boicote comercial) com as *transferências* ou *vantagens* adquiridas por terceiros com a conduta infractora.

No que se refere às condições de aplicação, estas *sanções* devem ser ponderadas tendo em vista o *óptimo social*. Para evitar a natural dificuldade de determinação, pelos Tribunais, dos benefícios que a aplicação das *sanções* pode trazer à sociedade, o cálculo (reflexo) deve ser feito do ponto de vista do encargo que representam para o infractor. A ponderação das *sanções* não deverá ser rotineira e, se resultar numa *deadweight loss*, os Tribunais Judiciais não poderão afastar-se da regra da indemnização compensatória do prejuízo causado. Note-se ainda que é costume invocar-se, em favor destas *sanções*, o incentivo a uma

---

[200] Vd., v.g.: PANTHER, 2000, pp. 999-1028; COOTER, Robert D.; PORAT, Ariel – "Should courts deduct non-legal sanctions from damages?". In: U. C. Berkeley, Law and Economics, Working Paper no. 2000-21, Dec. 2000, 29 p. [= *Journal of Legal Studies*, 30 (1), 2001, pp. 401-422]. Sobre aplicações noutras áreas: BERNSTEIN, Lisa – "Private commercial law in the cotton industry: value creation through rules, norms, and institutions", in: *Michigan Law Review*, 99 (7), 2001, pp. 1724 e ss.; LANDES, William – "Optimal sanctions for antitrust violations: a proposal for reform of the federal sentencing guidelines", in: *Chicago Law Review*, 50, 1983, pp. 652- -678; KAHAN, Dan M.; POSNER, Eric A. – "Shaming white-collar criminals", in: *Journal of Law & Economics*, 42 (1), 1999, pp. 365-391; COOTER, Robert – "Unity in torts, contracts and property: the model of precaution", in: *California Law Review*, 73 (1), 1985, pp. 1-51; CHARNY, David – "Nonlegal sanctions in commercial relationschips", in: *Harvard Law Review*, 104 (2), 1990, pp. 373-467.

maior precaução por parte de vítimas potenciais, dado saber-se que as *transferências* e as *vantagens sociais* serão abatidas.

Se o objectivo da Lei é, exclusivamente, a adequada compensação da vítima e, por essa via, o impedimento de situações idênticas para o futuro, então a penalização deve ir ao encontro do valor do dano ($\cong d$). Todavia, se o objectivo for a minimização dos custos sociais, não parece fazer sentido que o infractor suporte adicionalmente determinado tipo de custos. Um exemplo[201]: um produtor provocou danos no valor de 150, tendo gerado benefícios a terceiros de 20. Numa *perspectiva tradicional*, o valor a atribuir ao queixoso seria de 150, mas, com esse valor atribuído, o produtor está, em rigor, a sofrer uma perda de 170 (i.e.: 150 + 20).

Como aferir as *sanções atípicas* (*Sat*)? Para o cálculo do seu valor há que ter em conta não só os custos sociais que o produtor suporta (como já indicado), mas também os benefícios que a sua acção traz a terceiros. Daqui resultará o sinal e o montante das *sanções atípicas*. Num breve elenco daqueles benefícios, podemos ter, v.g.: 1) melhoria das perspectivas comerciais de concorrentes; 2) aumento do *status* social de concorrentes; 3) *efeito de prevenção* ou aviso.

Um outro exemplo permitirá concretizar melhor o que atrás foi referido: um produtor provocou danos no valor de 150, sofreu perda de reputação de (–) 15, e gerou benefícios a concorrentes de (+) 30. Na *perspectiva tradicional*, o valor a atribuir ao queixoso seria de 150; numa óptica de aferição de *sanções atípicas*, justificar-se-ia 135 [$d - Sat = 150 - (-15 + 30) = 135$]. A atribuição de valores acima de 135 facilmente traria excesso de precaução e, assim, possível aumento dos *custos sociais*.[202] Por outro lado, o valor de 135 afigura-se como correcto na medida em que permite que o infractor internalize apenas os custos sociais gerados pela sua conduta. Conjugando os elementos descritos, é possível traçar um quadro sobre a aplicação das

---

[201] Sem contar com custos de litigância, trocas de informação ou outras variáveis que possam interferir no cálculo.

[202] Repare-se que as *sanções atípicas* não se aplicam no caso de os benefícios (p. ex., 15) serem inferiores à perda de reputação (p. ex., 30), porque, se assim fosse ($d + Sat$): $150 - (+15 - 30) = 165$ (*sobrepenalização* do infractor).

sanções atípicas (sendo f os encargos das *sanções atípicas* sobre o infractor, *rcb* a relação custos-benefícios[203] com as *sanções atípicas*, e t e v as *transferências* e as *vantagens* criadas para terceiros)[204]:

Nível esperado de penalização para o infractor (*NEI*)	$p.d + p.Sat\ (f)$
Nível esperado de penalização pelo queixoso	$p.d + rcb.p.Sat$, com $rcb = 0$
Custo social esperado (*CSE*)	$p.d + p.Sat\ [f - (t + v)]$
Nível óptimo de penalização do ponto de vista social (*d*op.)	$d - Sat\ (t + v)$ [205]

Quais os ganhos sociais que, globalmente, oferecem as *sanções atípicas*? Para se responder a esta questão, ter-se-á que ponderar não só os benefícios que provoca em terceiros mas também os incentivos que gera, quer no infractor, quer no queixoso, no tocante à precaução. Assim:

[203] Traduzida pela expressão: $(t+v) / f$. Se $t+v$ for $= 0$ (logo, $rcb = 0$), não há aplicação das *sanções atípicas* e o queixoso não tem incentivo para aumentar a precaução; se $rcb = 1$, há *transferência* de valores para terceiros; se $rcb > 1$, há *vantagens* criadas para terceiros.

[204] Segue-se, com algumas alterações, o modelo de COOTER, R. D.; PORAT, Ariel – "Should courts deduct non-legal sanctions from damages?". In: U. C. Berkeley, Law and Economics, Working Paper no. 2000-21, Dec. 2000, pp. 22 e 28-9.

[205] O nível óptimo (*d*op.) é encontrado com a igualação do *NEI* ao *CSE*:

$p.dop. + p.Sat\ (f) = p.d + p.Sat\ (f - t - v)$

$\Leftrightarrow p.dop. = p.d + p.Sat\ (f) - p.Sat\ (t) - p.Sat\ (v) - p.Sat\ (f)$

$\Leftrightarrow p.dop. = p.d - p.Sat\ (t + v)$

$\Leftrightarrow dop. = d - Sat\ (t + v)$ (*Q.e.d.*).

		Redução de Custos Sociais	
	Benefícios em Terceiros	Incentivos à Precaução no Queixoso	Incentivos à Precaução no Infractor
Solução Tradicional	Não pondera	Não existem	Existem
Sanções Atípicas (Sat)	Pondera ($d - Sat$)	Existem (se $t + v > 0$)	Existem (embora menores)

Pôde-se, assim, verificar que o *benefício social* (que é calculado, como já se referiu em momento anterior, de acordo com a expectativa de redução da probabilidade de repetição da prática infractora através da decisão judicial), é atingido mais facilmente com as *sanções atípicas* do que com a denominada *solução tradicional.* Tanto mais que a corresponsabilização do queixoso (na precaução de situações futuras) assegura, num futuro próximo, um (provável) menor número de práticas ilícitas e, consequentemente, um (provável) menor recurso ao sistema judicial.

Apesar de tudo, embora esta lógica *redistributiva* da responsabilidade e dos efeitos da conduta ilícita tenha, aparentemente, os resultados benéficos que se apresentaram, não deixa de ser difícil conceber a transposição desta teoria (ao menos, *qua tale*) para o campo, por exemplo, do Direito Penal.[206]

---

[206] Genericamente, sobre os riscos da transposição de certo tipo de raciocínios económicos para o Direito Penal (descontando o caso do sub-ramo do Direito Penal económico), vd.: FRISON-ROCHE, Marie-Anne – "Le paramètre de la matière litigieuse dans l'analyse économique de la justice", in: *Revue Internationale de Droit Economique*, 13 (2), 1999, pp. 231 e ss..

5.3 – REFLEXOS DA INEFICIÊNCIA PROCESSUAL NA LITIGÂNCIA

a) A Influência da Complexidade Legal

A complexidade da Lei pode ser, genericamente, equacionada em três vertentes[207]: 1) a complexidade (justificável ou não) decorrente dos termos da Lei; 2) a complexidade (justificável ou não) decorrente da intervenção de advogados; 3) a complexidade (justificável ou não) decorrente das decisões judiciais. Em qualquer destes casos, o objectivo terá que passar pela procura do nível óptimo de complexidade da Lei, de tal forma que a complexidade procurada seja mínima e imprescindível para todos aqueles que necessitam que seja feita Justiça.

Quanto ao primeiro tipo de complexidade acima apresentado, parece interessante mencionar a destrinça que Gordon Tullock (1995)[208] faz entre o nível de complexidade desejável na Lei criminal e na Lei civil. Segundo este autor, embora sem provas claramente convincentes, pareceria aceitável esperar um maior nível de complexidade na Lei criminal de modo a esta cumprir, de forma cabal, a sua função preventiva ou dissuasora; enquanto que, na Lei civil, dado o seu carácter eminentemente privatístico, seria aceitável um menor detalhe legal.

[207] LINDBLOM, P. H.; WATSON, G. D. – "Courts and lawyers facing complex litigation problems". In: VAZ, A. M. Pessoa (ed.) – *Role and Organization of Judges and Laywers in Contemporary Societies.* Coimbra-Lisboa, International Association for Procedural Law, 1995, pp. 436 e ss., salientam um conjunto vasto de aspectos, que cobre não só os referidos como também: 1) a agregação de processos (que evita os "wait and see plaintiffs" mas aumenta a complexidade e morosidade nas decisões); 2) a utilização de numerosos peritos pelas partes; 3) a "pre-trial discovery", quer baseada em prova documental (Inglaterra, Nova Zelândia, Austrália), quer em prova testemunhal (EUA e Canadá); 4) a congestão de processos nos Tribunais (retardando a Justiça mas permitindo consolidar ou ampliar os argumentos das partes); 5) a complexidade técnica inerente à evolução tecnológica (pois os esforços de modernização tecnológica só marginalmente minimizam essa complexidade). Sobre a complexidade da Lei, vd. ainda, com uma perspectiva interessante: WRIGHT, George R. – "The illusion of simplicity: an explanation of why the law can't just be less complex", in: *Florida State University Law Review*, 27 (3), 2000, pp. 715-744.

[208] TULLOCK, Gordon – "On the desirable degree of detail in the law", in: *European Journal of Law and Economics*, 2 (3), 1995, pp. 199-209.

A diferença apresentada justificar-se-ia com a (muito questionável) asserção de que uma maior elaboração da Lei criminal conduziria a uma redução da criminalidade, e a menor elaboração na Lei civil levaria a uma interferência mínima nas interacções sociais (pressupondo, neste último caso, que o *excesso de garantismo* na Lei civil iria, provavelmente, condicionar a dinâmica contratual).

No que diz respeito à Lei criminal, as dúvidas colocam-se, numa primeira linha, relativamente aos efeitos que a complexidade teria nos próprios operadores do Direito, pois ao maior detalhe e complexidade iria corresponder, em princípio, uma maior incerteza na aplicação da Lei. Os criminosos teriam, nesta circunstância, quase os mesmos desincentivos que tinham previamente, senão mesmo menos.[209]

No que se refere à Lei civil, embora se possa concordar, genericamente, com o argumento da *interferência mínima*, não parece que se possa colocar em dúvida que a apreensão pelas partes contratantes da ideia de que a Lei é menos detalhada e, portanto, eventualmente lacunar, pode levar a um número superior de violações dessa mesma Lei. Quanto aos efeitos possíveis da complexidade sobre os próprios operadores do Direito, nada há a acrescentar – embora se possa ainda dizer que, no caso da Lei civil, seria provável um maior recurso a formas alternativas de resolução de conflitos (algo que a Lei criminal não pode, por regra, consentir...). Em todo o caso, um aspecto interessante, salientado ainda por G. Tullock[210], é o de que, para aquele que desconhece uma parte (detalhada) da Lei, o desconhecimento do detalhe não produz efeitos *ex ante*, apenas *ex post*. Evidentemente, poder-se-á dizer que esses efeitos terão reflexos, se amplificados, em comportamentos *ex ante* de outros litigantes; no entanto, tem de reconhecer-se que, neste caso, é a sinalização, e não o detalhe em si, que produz efeitos preventivos.

Um aspecto associado ao que acabou de ser dito é o que diz respeito ao desconhecimento, por parte do visado, do que é a "boa

[209] Numa segunda linha, são os próprios efeitos sobre os criminosos que são colocados em causa: será razoável esperar, por via de regra, que um indivíduo deixe de praticar um crime ou se informe sobre a Lei apenas porque sabe que esta é agora mais detalhada?

[210] TULLOCK, 1995, p. 200.

decisão" em razão do detalhe da Lei – o que acabará por conduzir novamente à incerteza, traduzindo-se em aversão ao risco (até por parte de *litigantes legítimos*) e na descrença quanto à eficácia da Justiça.

Aliás, de modo mais amplo, pode até afirmar-se que este maior detalhe contribui de forma razoável para fenómenos como o do "forum shopping" (ou, no caso norte-americano, do "judge shopping" e do "jury shopping"[211]).[212] Desmontar o argumento de um arreigado positivismo legalista é, assim, relativamente fácil, acautelando no entanto o não menos fácil alinhamento numa qualquer tentativa de construção de um *Direito mínimo*. Entre estes dois pólos estará o ponto óptimo de complexidade da Lei compatível com as exigências de segurança e certeza na aplicação.

Genericamente, a sinalização e o "rent-seeking", já esparsamente referidos, são também aspectos a ser lembrados a este respeito. De facto, se a maior complexidade for sinalizada, agudizam-se os custos e as posições dos *litigantes legítimos* poderão vir a apoiar-se em atitudes diametralmente opostas – dado que, para uns, interessará agora ficar melhor informado sobre certas minudências da Lei e, para outros, só restará desistir, dadas as dificuldades acrescidas (o que potencia, inevitavelmente, o aumento dos custos sociais).

---

[211] A propósito das influências sobre (e do modo de actuação dos) júris, vd.: EISENBERG, Theodore; LAFOUNTAIN, Neil; OSTROM, Brian; ROTTMAN, David; WELLS, Martin T. – "Juries, judges, and punitive damages: an empirical study", in: *Cornell Law Review*, 87 (3), 2002, pp. 743-782; SCHKADE, David; SUNSTEIN, Cass R.; KAHNEMAN, Daniel – "Are juries less erratic than individuals? Deliberation, polarization, and punitive damages". Chicago, John M. Olin Law & Economics Working Paper no. 81, September 1999, 41 p.; VISCUSI, W. Kip – "Jurors, judges, and the mistreatment of risk by the courts". Cambridge, John M. Olin Discussion Paper Series, Discussion Paper no. 291, August 2000, 57 p. [= *Journal of Legal Studies*, 30 (1), 2001, pp. 107-142]; FARMER, Amy; PECORINO, Paul – "Does jury bias matter?", in: *International Review of Law and Economics*, 20 (3), 2000, pp. 315-328; HELLAND, Eric; TABARROK, Alexander – "Runaway judges? Selection effects and the jury", in: *Journal of Law, Economics, & Organization*, 16 (2), 2000, pp. 306-333.

[212] Para uma análise económica deste tipo de fenómenos, vd. v.g.: RUBIN, Paul H.; CURRAN, Christopher; CURRAN, John F. – "Litigation versus legislation: forum shopping by rent-seekers". Atlanta (GA), Emory University, Department of Economics, October 1999, 27 p..

Existe também a forte hipótese de surgirem ou aumentarem fenómenos de "rent-seeking" com a maior complexidade, extensão ou até proliferação de Leis. Num caso típico de dissenso contratual, a Lei será mais clara e mais perceptível (e também mais facilmente manipulável) para a parte que tenha um maior orçamento (para se poder informar e dela fazer pleno uso) ou, simplesmente, uma maior paciência para analisá-la... – mas se a complexidade for insuportável, então estará aberto o caminho ao recurso a instâncias alternativas, ou a negócios (lícitos ou menos lícitos...) noutros Estados.

Segundo uma outra perspectiva, o maior detalhe da Lei pouparia as partes de *custos de transacção* que resultam da necessidade, *ex post* ou *ex ante*, de aditar, eliminar ou clarificar aspectos da relação contratual. Em princípio, os prazos de negociação seriam encurtados e os negócios firmados seriam em número superior. Contudo, tal não significa, por si só, que a litigância diminua – pode até aumentar, em razão dos termos contratuais (os quais reflectiriam, neste caso, a fraca elasticidade que não raras vezes caracteriza as posições contratuais[213]).

O movimento no sentido de um maior detalhe da Lei pode ter diversas origens, centrando-se na actividade legislativa e na actividade do juiz ou de jurisconsultos e doutrinadores. Esse movimento natural pode ter raízes sócio-culturais ou técnico-científicas, podendo ser genérico ou apenas constatável em certos ramos ou sub-ramos especializados do Direito. Em que medida esse *movimento natural* é garantia de menor ou maior lentidão da Justiça constitui um dos pontos decisivos para se poder ajuizar, de forma segura, sobre os méritos ou deméritos do movimento no sentido do maior detalhe legal. E, sobre isto, parece não ser possível chegar a um acordo. Na verdade, enquanto uns apostam no efeito do aperfeiçoamento dos dispositivos legais, outros pare-

---

213 Se a fraca elasticidade se estender às leis processuais, assistir-se-á, no curto prazo, a um aumento exponencial dos níveis de litigância (dada a maior conflictualidade resultante da maior complexidade da Lei civil), mas, a médio ou longo prazo, assistir-se-á a uma diminuição, embora forçada, dos níveis de litigância (dada a falta de resposta capaz para a resolução, em devido tempo, dos processos). Nessa altura, conseguir-se-ia, por *sinalização adversa*, um menor nível de litigância, mas também um menor volume de negócios.

cem apostar na sua progressiva simplificação (naturalmente sem perda de rigor).

Para tomar posição sobre tal assunto, talvez seja sensato contabilizar os ganhos (sociais) marginais decorrentes do aumento de detalhe. De resto, existirá, porventura, um momento para lá do qual qualquer aumento de detalhe trará *ganhos sociais* progressivamente menores ou até uma *perda social*. Apesar de tudo, embora este raciocínio básico possa ser facilmente aplicado aos *comandos não essenciais* da Lei civil e processual civil, o mesmo não poderá dizer-se, com certeza, no caso da Lei penal e processual penal.

De que forma os advogados interferem ou manipulam a complexidade da Lei ou em que medida a complexidade decorre da intervenção de advogados é outro dos pontos com interesse para compreender a relação entre a maior ou menor complexidade da Lei e os níveis de litigância registados.

O aumento da complexidade da Lei atinge os advogados muito simplesmente porque os custos sociais de uma Lei desnecessariamente complexa atravessam todo o aparelho judicial: mais tempo de trabalho pago aos (mesmos ou a mais) adjuntos do Tribunal, bem como a magistrados; maior lentidão dos processos e perdas de eficiência relacionadas com essa lentidão; desmotivação não só de litigantes como também de outros intervenientes (testemunhas[214], juízes, peritos e advogados).

Correcta ou incorrectamente, persiste inculcada numa certa "consciência colectiva" a ideia de que os (ou alguns dos) advogados vêem na complexidade da Lei um meio privilegiado para: 1) dificultar ou impedir a derrota nos processos; 2) evitar a sinalização de derrotas; 3) aumentar abusivamente a remuneração devida pela actividade exercida.[215]

---

[214] Sobre as motivações das testemunhas e os mecanismos de revelação da verdade numa perspectiva económica – não sem sérias dúvidas sobre a metodologia e possíveis resultados – vd.: COOTER, R.; EMONS, W. – "Truth-revealing mechanisms for courts". Berkeley, U.C. Berkeley Law and Economics Working Paper 2000-13, 2000, 25 p. [= *Journal of Institutional and Theoretical Economics*, 159 (2), 2003, pp. 259-279].

[215] LINDBLOM, P. H.; WATSON, G. D. – "Courts and lawyers facing complex litigation problems". In: VAZ, A. M. Pessoa (ed.) – *Role and Organization of Judges*

Não parece merecer discussão a afirmação de que a complexidade da Lei pode, de forma visível, diminuir os custos decorrentes do erro judicial (que passa a ser menor) – significando isto que se podem vislumbrar, sem dificuldade, ganhos sociais com essa complexidade e com a intervenção dos advogados no uso da mesma. Contudo, subsiste uma diferença fundamental: enquanto que para os advogados a excessiva complexidade pode conduzir, eventualmente, a uma maior preparação técnica[216] (adicionalmente paga pelos próprios e pelos litigantes), para magistrados e outros intervenientes na Justiça, os custos da complexidade são perdas gravosas, progressivamente maiores e não ressarcidas de qualquer forma visível.

Em relação aos custos sociais resultantes da complexidade da Lei, dificilmente os advogados deixarão de considerar, em termos prioritários, os custos privados com os processos, considerando, assim, por via de regra, muito mais apelativos os processos de maior complexidade (os quais permitem, em média, ganhos mais elevados e maior probabilidade de vitória, embora mediata).

A consequência perversa da atenção dada aos *custos privados* pode verificar-se no recurso insistente à litigância como forma (quase banal) de fazer face a um sistema que se diz ser enredoso e onde pouco ou nada seria perceptível de uma forma imediata. Neste contexto, os meios alternativos expeditos são, ou inexistentes, ou pouco fomentados pelos advogados junto dos seus constituintes (por falta de preparação específica ou apenas porque, sob o ponto de vista económico, esses mecanismos são entendidos como não compensadores relativamente aos ganhos potenciais que decorreriam do recurso à litigância judicial).

---

and Laywers in Contemporary Societies. Coimbra-Lisboa, International Association for Procedural Law, 1995, pp. 446-7, expressam dúvidas quanto a esta ideia, em particular no que se refere à influência das grandes sociedades de advogados – as quais, com naturais *economias de escala*, resultantes da especialização, e com dimensão compatível com a complexidade de certos casos, estão em melhores condições para encontrar vias expeditas e acessíveis para a resolução dos litígios.

216 Sobre esta preparação técnica ver, v.g.: Carpi, F.; Federico, G. Di – "The education and training of judges and lawyers". In: Vaz, A. M. Pessoa (ed.) – *Role and Organization of Judges and Laywers in Contemporary Societies*. Coimbra-Lisboa, IAPL, 1995, pp. 387-415.

Note-se que a preferência dos advogados pela complexidade da Lei apenas será operativa dentro de certos limites; na verdade, não será natural esperar que a complexidade procurada ou desejada (e não aquela que é justificada e por isso indispensável) vá para lá de determinado ponto – para lá do qual até mesmo os próprios litigantes considerem o litígio excessivamente oneroso e prefiram resolver o dissenso mediante acordo extra-judicial (com ou sem intervenção de advogados).[217] Dentro das circunstâncias acima mencionadas (e partindo do princípio que os *custos de transacção* inerentes ao acordo são, em qualquer caso, menores do que com outras alternativas), apenas parece haver uma forma de evitar este tipo de acordo: a indução, por parte dos advogados, de um significativo optimismo quanto aos resultados do processo.[218]

O eventual interesse dos advogados no *enredamento* processual pode também ser diverso conforme o litigante em causa. Enquanto para o advogado do queixoso (*legítimo*), o enredamento processual pode representar a forma de tirar o máximo partido da situação, para o advogado do infractor tal enredamento apenas interessa como forma de impedir que: 1) o caso fique próximo do acordo (o qual traduzirá um nível muito baixo de expectativas); ou 2) a complexidade do caso fique demasiado perceptível ao infractor, fazendo-o crer que as suas hipóteses de êxito são mínimas ou mesmo inexistentes.

Se o advogado do infractor fizer uma aposta forte na complexificação e, com isso, conseguir apenas o mero arrastamento do processo, a sinalização negativa para futuros constituintes será, provavelmente, indesejada por esse mesmo advogado. Mas nem sempre essa sinalização surte os seus efeitos...

Se os ganhos com a complexificação forem visíveis para as partes, é de esperar que se possa ir ao encontro da ideia de G. Tullock (1980),

[217] Mas também parece seguro que a onerosidade do processo até esse momento pode levar as partes a um *valor de compromisso* demasiado elevado (para uma ou ambas), arrastando-as, inelutavelmente, para a continuação até julgamento.

[218] A importância das expectativas e da aversão ao risco na resolução negociada foi inicialmente sugerida por Farber, H. S.; Katz, H. C. – "Interest arbitration, outcomes, and the incentive to bargain: the role of risk preferences", in: *Industrial and Labor Relations Review*, 33 (1), 1979, pp. 53-63.

afirmando-se que existe, ou tende a existir, uma relação directa entre a complexificação (e o maior montante dispendido) e o aumento das probabilidades de vitória (ou de prejuízo mínimo).

Este mecanismo de "rent-seeking" pode, contudo, revelar-se ilusório: aumentar as despesas com os advogados (seja o aumento inicial ou alongado no tempo, feito de forma fixa ou variável) e apostar numa estratégia de complexificação processual significa hipotecar uma mais larga percentagem dos (nada mais que potenciais) ganhos privados – tal apenas não sucederá se o advogado, como já se disse, for capaz de: 1) induzir o suficiente optimismo para o litigante considerar que a estratégia garante proporcionalmente mais ganhos (potenciais) do que perdas (efectivas); 2) assegurar resultados positivos inesperados.

Por último, no que respeita à complexidade (justificável ou não) decorrente das decisões judiciais, deve notar-se que o ancilosado paradigma da sentença que, para ser credível, séria e justificada, deve ser longa, abundante em referências doutrinárias e jurisprudenciais, nacionais e estrangeiras, ou ainda fazer uso de uma linguagem técnica arrevezada ou tão só obscura, não traz, como já seria de esperar, quaisquer vantagens sob o ponto de vista económico.[219]

A mera menor clareza da decisão judicial aumentará, com muita probabilidade, os custos para os litigantes, os ganhos para os advogados[220] e as perdas para o *aparelho judicial* (visíveis, p. ex., no maior dispêndio infra-estrutural para se fazer face ao maior número de processos interpostos), ficando, assim, por sinalizar a eficácia e a eficiência processuais (ou, o que seria pior, sinalizando-se a inconstância, a burocracia ou a lentidão judiciais – o que acabará por se traduzir na produção de indesejáveis externalidades negativas).

---

[219] Sobre estes aspectos, ainda que de forma breve: NIV (BURNOVSKI), Moshe Bar; SAFRA, Zvi – "The undesirability of detailed judicial reasoning", in: *European Journal of Law and Economics*, 7 (2), 1999, pp. 161 e ss..

[220] Se os ganhos com a maior complexidade revertem, em princípio, para os advogados, tal não significa, contudo, que seja sempre assim – se a excessiva complexidade já tiver sido sinalizada aos potenciais litigantes, é de esperar que sejam esses mesmos litigantes a procurar, por qualquer forma, evitar a participação dos advogados, e a tentar uma resolução não judicial.

b) A Influência do Erro e do Atraso na Decisão Judicial

A minimização dos custos sociais do processo judicial terá de passar igualmente pela redução dos custos dos erros judiciais e dos custos administrativos. Até mesmo a minimização dos *custos individuais* terá que passar por essa redução. Assim, será também do ponto de vista dos *custos administrativos* que a questão do atraso e do erro deve ser equacionada. No quadro que se segue são indicados, de forma esquemática, os encargos administrativos (na perspectiva do litigante e do Estado). Assim:

	Custos para o Queixoso	RCB[221]
Agressão/Infracção	*d*	----
Processar	*d* + €	0 ou <
Troca de informação com acordo	*d* + €€	> 0 ou ≤ 0
Troca de informação sem acordo*	*d* + €€	fase seguinte
Julgamento (e vence)	*d* + €€€	> 0, apenas se €€€ < *d*
Julgamento (e perde)	*d* + €€€€	instância seguinte
Recurso (e vence)	*d* + €€€€€	>> 0, apenas se €€€€€ < *d*
Recurso (e perde)	*d* + €€€€€€	<< 0

* Ou no caso de não haver troca voluntária de informação.

---

221 Relação custos-benefícios para o queixoso e, indirectamente, para o Estado (partindo do princípio que a litigância é *meritória*).

Mais difíceis de estabelecer do que os custos administrativos (principalmente do ponto de vista do *óptimo social*) são os custos do erro judicial[222] que, na sua maioria, se devem a situações de *défice informativo do Tribunal* (*Dit*). A medida desse défice (que é também a medida do erro) pode ser equacionada, ao nível teórico, como o valor *Dit* = *JP* ("julgamento perfeito") – *JE* ("julgamento real"). Isto para o litigante prejudicado.

Do ponto de vista social, pode dar-se, como já foi referido em momento anterior, a amplificação do erro, a qual pode ter reflexos económicos significativos. Sirva de exemplo a sinalização face a potenciais infractores (que será tanto mais fraca quanto maior for o erro).[223]

---

[222] Vd., genericamente, sobre as questões do erro e do atraso judiciais: LANDES, William M. – "An economic analysis of the courts". In: POSNER, Richard A.; PARISI, Francesco (eds.) – *Law and Economics. Volume 1*. Cheltenham, Edward Elgar Publishing Limited, 1997, pp. 74 e ss.; POSNER, 1986, pp. 518 e ss.; NIV (BURNOVSKI), Moshe Bar; SAFRA, Zvi – "The undesirability of detailed judicial reasoning", in: *European Journal of Law and Economics*, 7 (2), 1999, pp. 161-174; POSNER, Richard A. – *Ob. cit.*, 1998, pp. 602-607; GOOD, R. J.; TULLOCK, G. – "Judicial errors and a proposal for reform", in: *Journal of Legal Studies*, 13 (2), 1984, pp. 289-298; COOTER, Robert; ULEN, Thomas – *Ob. cit.*, 1998, pp. 336-7; TULLOCK, Gordon – "Court errors", in: *European Journal of Law and Economics*, 1 (1), March 1994, pp. 9-21; VEREECK, Lode; MÜHL, Manuela – "An economic theory of court delay", in: *European Journal of Law and Economics*, 10 (3), Nov. 2000, pp. 243-268; SCHWARTZ, Warren F. – "Legal error". In: BOUCKAERT, Boudewijn; DE GEEST, Gerrit (eds.) – *Encyclopedia of Law and Economics. Volume V. The Economics of Crime and Litigation*. Cheltenham, Edward Elgar, 2000, pp. 1029-1040; KESSLER, Daniel – "Institutional causes of delay in the settlement of legal disputes", in: *Journal of Law, Economics, & Organization*, 1996, 12 (2), pp. 432-60; RASMUSEN, Eric – "Predictable and unpredictable error in tort awards: the effect of plaintiff self-selection and signaling", in: *International Review of Law and Economics*, 15 (3), Sept. 1995, pp. 323-345; KIM, Iljoong et KIM, Jaehong, 2000, p. 15.

[223] Não se tratará aqui dos erros resultantes da dificuldade ou impossibilidade de prova. Sobre essa matéria vd., genericamente: SANCHIRICO, Chris William – "The burden of proof in civil litigation: a simple model of mechanism design". Columbia, Columbia University, August 1996, 38 p.; SANCHIRICO, Chris Williams – "Relying on the information of interested – and potentially dishonest – parties", in: *American Law and Economics Review*, 3 (2), 2001, pp. 320-357; COOTER, Robert; ULEN, Thomas – *Ob. cit.*, 1998, pp. 370-373; DAUGHETY, Andrew F.; REINGANUM, Jennifer F. –

Como facilmente se deduzirá, o erro pode fazer sobrestimar ou subestimar o valor do bem ou direito atingido. Se o erro (naturalmente involuntário) tiver como resultado prático a sobrestimação, tal constituirá um incentivo a uma maior litigância por parte de futuros queixosos e, ao contrário do que poderia esperar-se, tal situação traduzir-se-á num afastamento do *óptimo social*, porque um potencial infractor não verá vantagem em aumentar os níveis de precaução.[224]

Inversamente, porém, se o erro tiver como resultado prático a subestimação, tal constituirá um incentivo a uma maior precaução por parte de potenciais vítimas (o que vai de encontro ao *óptimo social*), no entanto, não fará a sinalização adequada face a potenciais infractores, tendo como efeito a diminuição da *litigância meritória* e a procura de meios alternativos (eventualmente ilegais) de justiça. Note-se ainda que estes efeitos do erro não são os únicos a interferir na avaliação das expectativas, também o próprio tipo de erro, se reconhecido, pode revelar-se importante:

"Keeping society in the dark: on the admissibility of pretrial negotiations as evidence in court". Iowa, Working Paper, February 1994, 27 p.; KOBAYASHI, Bruce Harold – "Evidence". In: BOUCKAERT, Boudewijn; DE GEEST, Gerrit (eds.) – *Encyclopedia of Law and Economics. Volume V. The Economics of Crime and Litigation.* Cheltenham, Edward Elgar, 2000, pp. 290-306; RUBINFELD, Daniel L.; SAPPINGTON, David E. M. – "Efficient awards and standards of proof in judicial proceedings", in: *Rand Journal of Economics*, 18 (2), 1987, pp. 308-315; POSNER, Richard A. – "An economic approach to the law of evidence". Chicago, John M. Olin Law & Economics Working Paper no. 66, February 1999, 85 p. [= *Stanford Law Review*, 51, 1999, pp. 1477-1546]; HAY, Bruce; SPIER, Katheryn – "Burdens of proof in civil litigation: an economic perspective", in: *Journal of Legal Studies*, 26 (2), 1997, pp. 413-432.

[224] Neste âmbito, duas teorias se confrontam: uma que afirma que a presciência do erro levará o infractor a optar por aumentar desmesuradamente o nível de perigo (para lá do nível óptimo de cuidado) ou diminui-lo a um nível quase imperceptível (J. Calfee e R. Craswell); outra que afirma que a presciência do erro levará o infractor a optar, apenas, pela primeira medida (M. Kahan e M. Grady). Cfr.: SCHWARTZ, Warren F. – "Legal error". In: BOUCKAERT, Boudewijn; DE GEEST, Gerrit (eds.) – *Encyclopedia of Law and Economics. Volume V. The Economics of Crime and Litigation.* Cheltenham, Edward Elgar, 2000, pp. 1031 e ss.; CALFEE, John E.; CRASWELL, Richard – "Some effects of uncertainty on compliance with legal standards", in: *Virginia Law Review*, 70 (5), 1984, pp. 965-1003; GRADY, Mark F. – "Untaken precautions", in: *Journal of Legal Studies*, 18 (1), 1989, pp. 139-156.

<table>
<tr><th colspan="2"></th><th>Incentivo para o Queixoso</th><th>Precaução do Infractor</th></tr>
<tr><td rowspan="2">Decisão</td><td>Erro na absolvição (type-1 error)</td><td>Não existe</td><td>Existe</td></tr>
<tr><td>Erro na condenação (type-2 error)</td><td>Existe</td><td>Não existe</td></tr>
<tr><td rowspan="2">Matéria</td><td>Erro de facto</td><td rowspan="2">Existe</td><td rowspan="4">?
(ver, sobre esta dúvida, a nota 224)</td></tr>
<tr><td>Erro de iure</td></tr>
<tr><td rowspan="2">Gravidade</td><td>Erro por excesso</td><td>Existe</td></tr>
<tr><td>Erro por defeito</td><td>Não existe</td></tr>
<tr><td>Resultado</td><td>Erros ex post (v.g., reflexo em custos processuais)</td><td colspan="2">Dependerá da existência (ou não) de erros de tipo-1 ou de tipo-2[225]</td></tr>
</table>

No que diz respeito à influência que o atraso judicial pode exercer sobre a litigância (*custos privados* e *sociais*) e sobre o comportamento dos litigantes, optou-se por dividir a análise em 6 vertentes[226]: 1) análise dos custos do atraso para o queixoso; 2) análise dos custos do atraso para o infractor; 3) análise do *custo privado total* do atraso; 4) análise dos *custos externos* do atraso; 5) análise da influência do atraso na actuação de terceiros; e 6) *custos sociais* do atraso.

Começando com a análise dos *custos do atraso para o queixoso* (S) (e sabendo que V é o valor de d, β é o factor tempo, BLE o *benefício líquido esperado* do julgamento, C o custo processual das partes,

[225] Sobre os erros de *tipo-1* e *tipo-2*, e.g.: POLINSKY, A. Mitchell; SHAVELL, Steven – "The economic theory of public enforcement of law", in: *Journal of Economic Literature*, 38 (1), 2000, pp. 45-76.

[226] Seguir-se-á, neste âmbito, com algumas alterações, o modelo de VEREECK, Lode; MÜHL, Manuela – "An economic theory of court delay", in: *European Journal of Law and Economics*. Hingham (MA), Kluwer Academic Publishers, 10 (3), Nov. 2000, pp. 253 e ss..

An e *Ac* o *atraso normal* e o *atraso crítico*), pode dizer-se que estes custos serão iguais à depreciação de *d* sofrida com os atrasos (Vλ) deduzida do valor da compensação obtida em julgamento (Vβ) e acrescida dos custos legais (βC):

$$S = V\lambda - BLE + \beta C = V\lambda - V\beta + \beta C \quad , \quad \text{com } BLE > 0$$

Quanto aos *custos do atraso para o infractor* (R), estes serão iguais às perdas amplificadas com o atraso (Pλ) às quais se junta o *total de custos esperados* (TCE). Assim sendo: $R = P\lambda + TCE = P\lambda + P\beta + \beta C$. Das duas fórmulas indicadas deduz-se o *custo privado total do atraso* ($CPT = S + R$), que no caso da *regra americana* será de: $CPT = (V\lambda - V\beta + \beta C) + (P\lambda + P\beta + \beta C)$. Ou: $CPT = (V + P)\lambda - (V - P)\beta + 2.\beta C$.

A redução no número de processos por atraso não é uma forma adequada de melhorar, como é evidente, o sistema judicial. Se o objectivo principal deste é "fazer Justiça a quem dela necessita", a redução por atraso só se poderia considerar lícita(?) na estrita medida em que permitisse deter *litigantes frívolos*, o que se depreende vir a ser de extrema dificuldade – até porque estes podem beneficiar do atraso (sobrecarregando, assim, inutilmente, o *aparelho judiciário*).

No que se refere aos *custos externos* do atraso [*scilicet*: os *custos de precaução* para se evitar ser processado (CP^q e CP^i) mais as perdas originadas pelo processo[227]], a situação com atraso define-se por: $Cex^q = CP^q + S = CP^q + (V\lambda - V\beta + \beta C)$; $Cex^i = CP^i + R = CP^i + (P\lambda + P\beta + \beta C)$.

Os custos processuais esperados para o queixoso são, numa situação sem atraso, naturalmente menores, o que terá como consequência provável uma menor *precaução* por parte dos mesmos. Aliás, paradoxalmente, também o infractor irá ver os seus custos esperados baixarem, o que fará com que este (e outros potenciais infractores) diminua(m) os *custos de precaução*. Em *ultima ratio*, esta lógica poderia permitir supor que o grau máximo de atraso (que, contudo, não fizesse desistir o queixoso) iria aumentar os *custos de precaução* de ambas as

[227] Sendo Cex^q e Cex^i os custos (totais) esperados pelas partes, e S e R as perdas esperadas com a litigância com atraso.

partes e, assim, diminuir, ao menos ao nível teórico, o número de litígios. No entanto, apesar de o atraso ser comum na grande maioria dos sistemas jurídicos actuais, tem-se verificado a subida contínua dos níveis de litigância. Um dos motivos de um tal incremento parece ser, como já se referiu por diversas vezes, o do optimismo das partes.[228]

No que diz respeito aos efeitos que o atraso pode ter na actuação de terceiros, é plenamente reconhecida a possibilidade de esse atraso originar, no seu decurso, a instauração de processos de idêntica natureza, multiplicando as ineficiências do sistema e sobrecarregando em custos, desnecessariamente, o aparelho judiciário. Uma decisão certa e rápida, desde que acompanhada da devida publicidade, bloquearia uma série de *custos externos*. Nos casos mencionados, os efeitos do atraso serão, no mínimo, a duplicação dos *custos privados* (j = 2), no caso de *processos ineficientes*, e a duplicação dos custos legais (y = 2), no caso de *processos eficientes*. Assim (sendo L o resultado global dos efeitos sobre terceiros num cenário de atraso, e *f* e *g* a medida dos *processos ineficientes* e *eficientes* idênticos):

$$L = \sum_{j=2}^{f} (CPT.j) + \sum_{y=2}^{g} (\beta C.y) \quad , \quad \text{quando } An > 0$$

Note-se que, curiosamente, o cenário da inexistência de atraso combinado com o da certeza legal plena é indesejável porque teria como efeito adverso a inexistência de optimismo e, deste modo, a médio prazo, a inexistência de muitos julgamentos (por causa de expectativas não geradas, não surgiriam processos socialmente necessários e o espectro monetário da negociação tornar-se-ia perversamente ilimitado). A diminuição no valor L terá assim que passar, *cœteris paribus*, pela diminuição (mas não, como se poderia facilmente julgar, pela eliminação) da incerteza da decisão judicial.

---

[228] Note-se como o aumento de $V\beta$ originaria, só por si, uma diminuição nos Cex^q, o que teria como efeito provável menores *custos de precaução* e maior ocorrência de litígios.

Por último, no que se refere aos *custos sociais* (globais) do atraso utiliza-se, por comodidade, o seguinte quadro-síntese:[229]

<table>
<tr><td colspan="3"></td><td>Número de Processos</td><td>Óptimo Social</td></tr>
<tr><td rowspan="4">Prevenção</td><td rowspan="2">Precaução do queixoso</td><td>ópt.$^-$</td><td>+</td><td>–</td></tr>
<tr><td>ópt.$^+$</td><td>–</td><td>+</td></tr>
<tr><td rowspan="2">Precaução do infractor</td><td>ópt.$^-$</td><td>+</td><td>–</td></tr>
<tr><td>ópt.$^+$</td><td>–</td><td>+</td></tr>
<tr><td rowspan="2">Dimensão</td><td colspan="2">Pequeno atraso ($An < Ac$)</td><td>0</td><td>+</td></tr>
<tr><td colspan="2">Atraso considerável ($An > Ac$)</td><td>–</td><td>–</td></tr>
<tr><td rowspan="4">Custos Processuais</td><td rowspan="2">CPT (Δ)</td><td>Litigância meritória</td><td>–</td><td>–</td></tr>
<tr><td>Litigância frívola</td><td>–</td><td>+</td></tr>
<tr><td colspan="2">Sinalização a Terceiros</td><td colspan="2">depende do tipo de sinalização</td></tr>
<tr><td colspan="2">Sinalização do Erro Judicial</td><td colspan="2">depende do tipo de litigante</td></tr>
</table>

[229] Adaptado de Vereeck et Mühl, 2000, p. 260. Ópt.$^-$: abaixo do nível óptimo; ópt.$^+$: acima.

VI
PROCESSOS ALTERNATIVOS DE RESOLUÇÃO DE LITÍGIOS

6.1 – ANÁLISE ECONÓMICA DE PROCESSOS ALTERNATIVOS DE RESOLUÇÃO DE LITÍGIOS

a) Elementos Prévios e Modelos de Análise

Antes de iniciar uma análise económica de processos alternativos de resolução de litígios[230], parece justificar-se a clarificação de aspectos que devem ser previamente ponderados e de alguns dos principais modelos teóricos que têm sido adoptados.

Sabendo-se que a resolução alternativa parte, essencialmente, da vontade dos litigantes, assume particular interesse a análise dos mecanismos económicos que podem determinar essa mesma vontade. Uma ideia inicial, do *senso comum*, era a de que os casos tidos como mais graves teriam inevitavelmente um desfecho em Tribunal e os restantes seriam com maior frequência ou probabilidade resolvidos por outras vias. Porque é que por vezes é assim, mas nem sempre, é o que se verá em seguida.

---

[230] Sobre este tema vd., sem prejuízo de próximas indicações bibliográficas: SHAVELL, Steven – "Alternative dispute resolution: an economic analysis", in: *Journal of Legal Studies*, 24 (1), 1995, pp. 1-28; BRUNET, E. – "Questioning the quality of alternate dispute resolution", in: *Tulane Law Review*, 62 (1), 1987, pp. 1-56; DAUGHETY, 2000 (a), pp. 95-158.

Para se poder averiguar se os litigantes estão em condições de aceitar um acordo ou não (seja de que tipo for), parece ser necessária a consideração das seguintes vertentes: 1) o número de jogadores [sejam litigantes, advogados, juiz(es) ou peritos, não esquecendo ainda o elemento "nature"]; 2) as acções dos litigantes (que podem incluir os mais diversos ou complexos esquemas de negociação de propostas entre o queixoso e o infractor); e 3) a informação presente no jogo e a detida pelos jogadores.

A propósito da segunda vertente, valerá a pena referir que os conceitos de *boa* e *má-fé* na negociação entre litigantes surgem, por vezes, associados ao modo como os litigantes dão resposta às propostas apresentadas – de tal forma que muitas vezes se considera estando de *boa-fé* na negociação aquele litigante que não apresente uma resposta ou contra-proposta que implique um montante superior ao da proposta inicial (i.e., transigindo em alguma medida).

Forma de persuasão ou até de pressão, também indiciadora de boa ou má vontade dos litigantes, é a ameaça de utilização de advogados (ou de certos peritos de renome) antes ou durante a negociação (ou ainda caso esta falhe). Naturalmente que, se a utilização destes jogadores for feita por todos os litigantes envolvidos, chegar-se-á, mais uma vez, a uma espécie de *equilíbrio de Nash*, sem vantagens adicionais para os envolvidos – no entanto, os resultados do jogo não são iguais aos do momento inicial, visto que a utilização destes intervenientes aumentará os custos, o que irá, com certeza, reflectir-se no valor do acordo, ou na própria inviabilização do mesmo[231]).

Pode assim ver-se, com certa facilidade, a importância da estratégia processual adoptada pelos litigantes. As estratégias podem ser muito diversas[232] mas todas surgem, de alguma forma, condicionadas: 1) pela limitação da informação ou do próprio acesso à mesma (seja ela

[231] Assim não sucederá se, por exemplo, os custos judiciais forem muito elevados, não sendo compensadora a ida a Tribunal, e sendo mais económico o acordo, mesmo que por um valor... que não seria considerado suportável pelas partes caso não recorressem a estes mesmos intervenientes. Outra situação que pode perturbar o raciocínio exposto é a da presença de um ou vários *litigantes frívolos*.

[232] Veja-se, a este propósito, com interesse: ABREU, Carlos Pinto de – *Estratégia Processual. De uma Visão Bélica para uma Perspectiva Meramente Processual.* Lisboa, Ars et Justitia, 2000, pp. 35 e ss..

sobre os litigantes ou sobre outros aspectos determinantes para a tomada de decisões processuais relevantes); 2) pelo conhecimento de acções relevantes exógenas (p. ex., decisão de juízes em casos semelhantes); 3) pela informação que cada litigante pode obter do comportamento estratégico do(s) outro(s), tendo como base as atitudes actuais ou ainda a detecção de *padrões estratégicos* nos oponentes.

Aliás, a descoberta da estratégia adversária pode ser decisiva, na medida em que ajudará a traçar o *perfil de actuação futura* do litigante, conferindo assim uma vantagem àquele que dessa estratégia tem conhecimento. Embora a antecipação possa ser decisiva, não se deve menosprezar, contudo, a possibilidade de surgir uma acção imprevisível, inesperada. De facto, raramente os litigantes actuam apenas recorrendo a *estratégias puras* (de mais ou menos rápida adivinhação), pelo que é de esperar a utilização de mais ou menos complexas *estratégias mistas*, embora não se saiba em que (ou a partir de que) momento. Outro aspecto a considerar é o que se refere à comparação dos resultados (expressos qualitativa ou quantitativamente, em termos monetários ou de bem-estar) com as expectativas individuais geradas.

A dificuldade em estabelecer uma equivalência entre resultados e expectativas pode, em parte, ser explicada pelo facto de não se poder imaginar um contexto de ausência de *custos de transacção* (embora não seja raro ver alguns litigantes actuarem como se essa equivalência existisse...) – nessa impossibilidade, surge um conjunto de custos para complicar as *contas mentais* dos litigantes: 1) no caso de acordo, os custos inerentes à negociação (p. ex., relativos à troca de informação, a peritos ou a advogados, a árbitros); 2) no caso de julgamento, os custos inerentes à utilização dos Tribunais.

Uma segunda linha de análise acaba, naturalmente, por nos remeter, *ut dictum supra*, para a questão da dependência dos resultados do *interesse estratégico*. De facto, este *interesse* é, por via de regra, o da maximização, se possível imediata, desses mesmos resultados. Contudo, outros objectivos há, dependentes do *perfil estratégico*[233] do

[233] Sobre este e outros conceitos correlacionados, vd.: HARRINGTON Jr., Joseph E. – "Non-cooperative games". In: NEWMAN, Peter – *The New Palgrave Dictionary of Economics and the Law*. London, MacMillan Reference Limited, vol. 2, 1998, p. 685.

litigante, que podem relevar, como será o caso da reputação ou da sinalização.

A dimensão temporal da interacção entre litigantes é também uma outra vertente a considerar. E não será pouco relevante, até por causa de alguns aspectos já referidos em páginas anteriores, nomeadamente: 1) a consideração de jogadas *simultâneas* ou *sequenciais*[234]; 2) o horizonte temporal da negociação (independentemente do resultado atingido: desistência, acordo ou julgamento) – é aqui que podem confluir as questões, previamente vistas, da finitude ou infinitude do jogo e das consequências do faseamento temporal do processo; 3) os efeitos da aceleração ou da dilação dos prazos normais de negociação; 4) o aumento do nível de complexidade da Lei com o decurso do tempo.

A terceira vertente, também de razoável importância, é, como já foi dito, a da informação presente no jogo e da detida pelos jogadores. Neste âmbito, terão que ser feitas as seguintes distinções: 1) jogos com (e em que extensão) ou sem "common knowledge"[235]; 2) jogos de informação perfeita (certeza simétrica quanto à informação comummente conhecida), imperfeita (incerteza simétrica) e de assimetria informativa (com certeza ou incerteza assimétrica); 3) jogos de assimetria unilateral ou bilateral (consoante haja *informação privada* sobre elementos comummente conhecidos ou sobre elementos conhecidos apenas por uma das partes); 4) jogos de assimetria informativa em que o cálculo da expectativa obedece a "consistent priors"[236] ou a "inconsistent priors".

A existência de "inconsistent priors" (p. ex., ambos julgam que vão ganhar, tendo por base informação distinta) é mais relevante do que à primeira vista possa parecer dado que neles se esconde quer uma divergência informativa não perceptível, quer uma *lógica irracional*. E

---

[234] Note-se que as *jogadas simultâneas* são-no até no caso em que há desfasamento temporal entre as mesmas mas em que a primeira jogada não é observável (ou passível de reacção) pela(s) outra(s) parte(s) envolvida(s); e que, no caso das *jogadas sequenciais*, o comportamento do segundo jogador é naturalmente afectado, mas também o do primeiro o pode ser, dado que sabe que vai, em princípio, ser observado.

[235] Aquilo que ambos sabem que cada um sabe (sobre si, sobre o outro, sobre o Tribunal ou outro qualquer aspecto que afecte o comportamento dos litigantes).

[236] Utilização da mesma matriz probabilística prévia.

é muitas vezes esta escolha *menos racional* (resultante de uma inadaptação a uma certa premissa probabilística) que gera a incompatibilização de expectativas (isto para além da possibilidade, p. ex., de surgirem *litigantes frívolos*, os quais têm uma "política de informação" peculiar, intencionalmente enganosa).

A possibilidade de prática de acções *irracionais* afasta qualquer veleidade em se proceder a uma análise linear do comportamento dos litigantes e, como se não bastasse, dificulta seriamente (quando não impossibilita mesmo) qualquer forma de comparação teórica ou estatística entre análises realizadas. Talvez não por acaso, a introdução do elemento "nature" tenha servido como forma de transformar um jogo de assimetria informativa com "inconsistent priors" num jogo de informação imperfeita (neste jogo, a divergência entre as partes no cálculo das hipóteses de êxito terá que resultar de uma desigualdade na avaliação da informação identificada, uma vez que o modelo probabilístico de que partem os litigantes é, ao menos para efeitos teóricos, idêntico).

Ainda assim, convirá colocar em destaque algumas das vantagens da análise da assimetria informativa, como: 1) a ajuda na explicação dos motivos que levam as partes a ir a Tribunal, apesar destas poderem reconhecer os consequentes custos ao nível pessoal; 2) a ajuda na explicação dos casos em que o acordo surge tardiamente, surge no último momento de negociação ou, simplesmente, não surge; 3) a ajuda na explicação de aspectos parcelares (o entendimento advogado-constituinte; a descoberta, ocultação ou revelação de informação; a escolha de regras ou regimes mais favoráveis).

Quanto aos modelos teóricos adoptados para a análise dos diversos esquemas de negociação entre as partes, valerá a pena ponderar, ainda que brevemente, p. ex., os seguintes aspectos: 1) a proposta para acordo (qualquer que seja o tipo de jogo) deve ser feita sempre por um dos litigantes e seguida de uma aceitação ou rejeição do(s) outro(s)? ou deve ser analisada antes a possibilidade de alternância na proposição de soluções? (note-se que a resposta a dar não é indiferente – imagine-se, por exemplo, a normal vantagem de quem primeiro propõe e quanto tempo antes o faz); 2) quantos podem ou devem ser os períodos de proposta/resposta?; as hipóteses variariam entre os pólos do "ultimatum game" (do tipo "all-or-court proposal") e do(s) modelo(s) com períodos infinitos (v.g., o modelo de Rubinstein[237]); 3) de que forma é que o precedente na negociação (a existir) interfere na predisposição das partes?; 4) qual o intervalo desejável entre períodos (se se partir do princípio que deve existir), e quais os reflexos desse intervalo nos custos dos litigantes e, conexamente, nas acções a tomar pelos mesmos?[238]; 5) num jogo com múltiplos períodos, de que forma é que a *taxa de desconto temporal* e o custo por período de negociação afectam o comportamento dos litigantes?[239]

Em múltiplos casos, a divergência informativa na negociação leva à necessidade de considerar, nomeadamente, os seguintes modelos e estratégias de actuação: 1) o "screening model" (ou "sorting model"; modelo de *selecção/avaliação* de informação): o jogador não informado faz uma proposta àquele que está informado, cabendo a este, e supondo uma única ronda negocial, aceitar ou recusar; 2) o "signaling model" (modelo inverso do "screening model")[240]; 3) a "pooling strategy": uma ou ambas as partes não divulgam a sua informação privada; 4) a "semi-pooling" (ou "partial pooling strategy"): as partes revelam informação de modo restrito; e 5) a "revealing strategy" (partilha de toda a informação privada). A importância destas estratégias é reforçada pelo facto serem as mais comummente utilizadas em análises de negociação de acordos pela maior parte dos autores contemporâneos.[241]

---

237 RUBINSTEIN, Ariel – "Perfect equilibrium in a bargaining model", in: *Econometrica*, 50 (1), 1982, pp. 97-109.

238 Repare-se que, quanto menor for o intervalo entre períodos, menor é a vantagem daquele que primeiro propõe (e mesmo daqueles que em seguida contra-propõem).

239 Vd., v.g.: WANG, Gyu Ho; KIM, Jeong Yoo; YI, Jong Goo – "Litigation and pretrial negotiation under incomplete information", in: *Journal of Law, Economics, & Organization*, 10 (1), 1994, pp. 187-200.

240 Em princípio, será menos difícil prever o resultado do jogo num caso de *signaling* do que num caso de *screening*, isto porque a parte não informada pode com maior facilidade obter informação através da proposta da parte informada.

241 V.g., entre outros: BEBCHUK, 1984, pp. 404-415; REINGANUM, Jennifer; WILDE, Louis L. – "Settlement, litigation, and the allocation of litigation costs", in: *Rand Journal of Economics*, 17 (4), 1986, pp. 557-566.

A análise feita daqui por diante será sistematicamente enquadrada pelos seguintes quatro cenários: 1) o "two-type screening"; 2) o "continuum types screening"; 3) o "two-type signaling"; e 4) o "continuum types signaling".

Começando pelo "two-type [binário, apenas «High or Low»] screening model", aplicável a um "ultimatum game", verifica-se que a parte informada só aceitará a proposta se esta for de montante igual ou superior ao valor do dano (valor esse que se presume concedido e elevado) descontado dos custos judiciais; pelo contrário, essa parte rejeitará a proposta se for de montante inferior ao valor do dano (o mais baixo que se espera venha a ser concedido) descontado também dos custos judiciais. Se a proposta ficar numa situação intermédia, tudo dependerá da percepção que o jogador que recebeu a proposta tem do montante relativo ao dano a ser concedido em Tribunal: rejeitará a proposta se presumir um valor elevado, aceitá-la-á no caso inverso.

Se este é o comportamento típico por parte de quem recebe uma proposta, então pode supor-se que quem propõe poderá actuar de acordo com o *tipo* [**H**igh ou **L**ow] que puder captar do outro litigante, de tal modo que: 1) com um litigante que pareça ser **H**-type, proporá um valor suficientemente elevado para evitar a ida a julgamento (se estiver receoso quanto ao valor na decisão judicial); 2) com um litigante que pareça ser **L**-type, proporá um valor suficientemente baixo para o induzir em cálculos pessimistas quanto à probabilidade de obtenção de um valor elevado em Tribunal (p. ex., um valor de proposta que seja igual aos *danos mínimos* acrescidos dos custos processuais[242]).

O "screening" *múltiplo* – i.e., a *selecção* que envolve todo o intervalo entre **H** e **L**, segue o raciocínio do "two-type screening", salvo na proposta, que terá, naturalmente, que ter em conta a probabilidade de ocorrência dos valores no intervalo de negociação.

No caso do "two-type signaling", também num cenário de "ultimatum game", verifica-se, com naturalidade, que o que determina o resultado final é o montante proposto por quem faz a "settlement

---

[242] Aqui pode ser notada, mais uma vez, a importância dos custos judiciais (dado que o aumento dos custos esperados faz encurtar as margens possíveis para a negociação por parte daquele que propõe, tornando as hipóteses de julgamento mais prováveis).

demand" (SD), de modo que: 1) se esse montante for muito elevado, a parte que recebe a SD verá aí um indício de uma grande confiança e, logo, de um prejuízo pessoal muito razoável; 2) se esse montante for reduzido, a parte que recebe a SD verá aí um indício de pouca confiança e, portanto, de um prejuízo reduzido. Num cenário que não seja de "ultimatum game", deduz-se que a postura previsivelmente adoptada é a de uma estratégia mista (de acordo com os valores das diversas SDs). Se essa for a opção de quem recebe a proposta, então aumentam as probabilidades de esta passar a ser feita por um valor comedido, talvez justo (o que desmotivaria eventuais *litigantes frívolos*).

Nesta linha de raciocínio, a questão que agora se poderá colocar é a seguinte: e se o litigante que propõe não é um *litigante frívolo* e o valor que propõe, embora alto, é minimamente justo? Neste caso, de três uma: 1) ou o litigante desiste (o que prejudica, naturalmente, a *justiça do caso concreto*); 2) ou o litigante, num cenário que não seja de "ultimatum", baixa o valor da proposta (o que conduz aos mesmos resultados, embora atenuados); 3) ou o litigante, rejeitada a sua proposta, insiste indo para Tribunal.

Neste último caso, é ainda possível abrir duas sub-hipóteses: 1) ou o valor dos custos judiciais é superior ou igual ao valor proposto para acordo (que se presume aproximado ao valor concedido em Tribunal); 2) ou o valor dos custos judiciais é inferior. Também neste ponto as regras de repartição de custos podem interferir, dado que, p. ex., a *regra inglesa* tende, pelo que já foi referido em momento anterior, a favorecer os *casos fortes* e, assim, a incentivar o recurso à via jurisdicional por parte destes litigantes.[243]

No que respeita ao "continuum types signaling", a análise poderá passar pela consideração de diversos aspectos, alguns dos quais expostos nos seguintes gráficos:

[243] Uma hipótese adicional pode perturbar este raciocínio: o caso em que o valor a pagar pelo acordo suplanta, por presença de informação imperfeita ou assimétrica, o valor máximo expectável para julgamento. Embora a rejeição da proposta possa acontecer, aquele que a apresentou pode ser entendido como um *litigante frívolo* apenas porque se registava um desfasamento entre as suas expectativas iniciais e o efectivo valor do dano (os mecanismos de *descoberta* podem ser meios pouco custosos e bastante eficazes para aproximar expectativas).

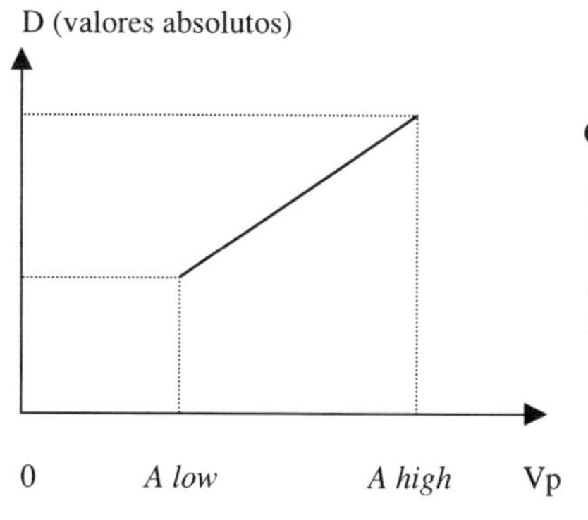

Gráf. A – Danos Ressarcidos / Proposta

D – Danos ressarcidos (de reduzidos a elevados)
Vp – Valor da proposta (de reduzida a elevada)
A low – Limiar de negociação
A high – Limite de negociação

Pcj (valores percentuais)

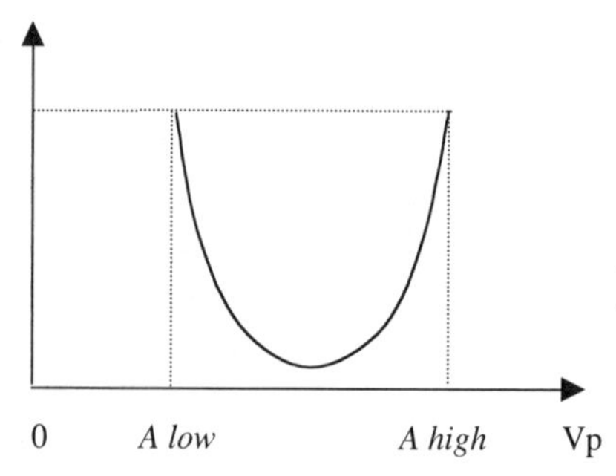

Gráf. B – Prob. Custos Judiciais / Proposta

Pcj – Prob. custos judiciais (de 0 a elevada)
Vp – Valor da proposta (de reduzida a elevada)
A low – Limiar de negociação
A high – Limite de negociação

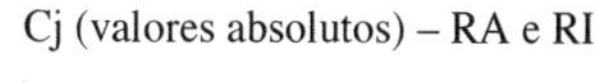

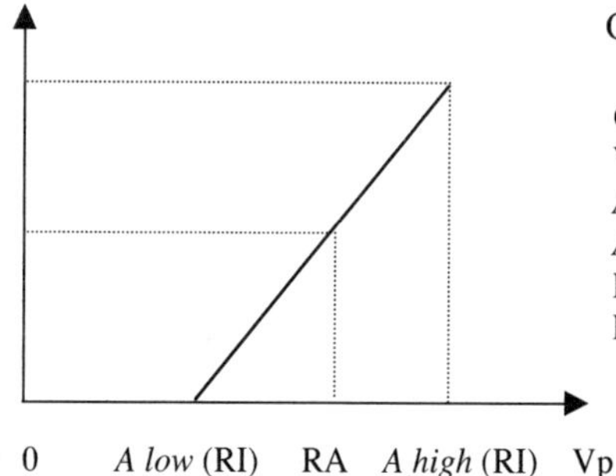

Gráf. C – Custos Judiciais (RA/RI) / Proposta

Cj – Custos judiciais (de 0 a 2)
Vp – Valor da proposta (de reduzida a elevada)
A low – Limiar de negociação
A high – Limite de negociação
RA – *Regra Americana* (Cj = 1)
RI – *Regra Inglesa* (Cj = 0 v 2)

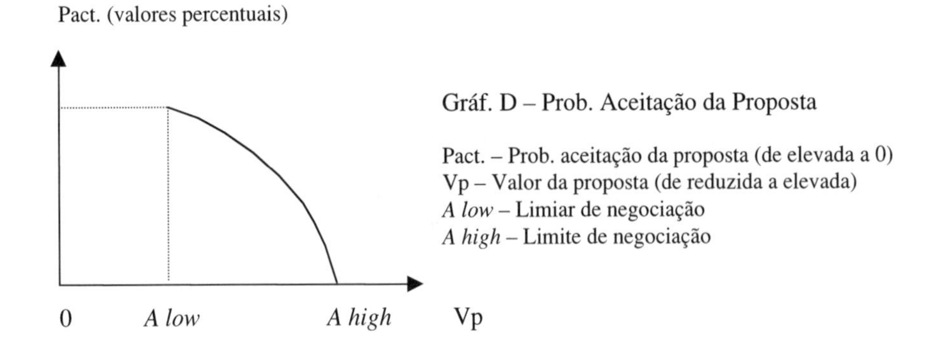

Note-se que a primeira figura apenas ilustra os casos em que o litigante é *legítimo*, ou ainda os casos em que o litigante, não sendo *legítimo*, actua como se o fosse. Em qualquer outro caso, a orientação da recta seria diversa, podendo mesmo ser oposta àquela que foi representada (p. ex., no caso de o litigante propor um valor elevado por um dano mínimo ou mesmo inexistente). Não pode deixar de notar-se, numa análise às figuras, o dilema para aqueles que têm dissensos envolvendo montantes elevados – quanto mais elevada for a proposta, mais se vêem "empurrados" para a solução judicial; por outro lado, confirma-se a aparente facilidade na resolução negocial de dissensos que envolvam pequenos montantes.

Postos de lado os casos extremos, que se situam nas margens do espectro negocial, toda uma gama de resultados pode ser alcançada, as "Nash bargaining solutions" – todavia, tal não significa que todos esses resultados, que terminam em acordo, sejam mutuamente vantajosos, particularmente se estivermos num contexto de assimetria informativa. Como é natural, os custos relativos à divulgação de *informação privada*, ou à sinalização daquilo que pode vir a ser um "bom acordo", nem sempre são desejados pelas partes (embora desejáveis segundo critérios de *justiça material*).

A terminar, justifica-se uma breve panorâmica da quantidade, variedade e complexidade de factores que podem influenciar o comportamento dos litigantes e, desse modo, o desfecho da contenda.

Nesse elenco de factores importa referir: 1) o facto de a assimetria informativa ser unilateral ou bilateral; 2) o facto de as jogadas negociais serem *sequenciais* ou *simultâneas* (como já foi aliás referido num momento anterior); 3) o facto de se estar, ou não, em presença de um "ultimatum game"; 4) o facto de os custos de negociação existirem, ou não, e em que montante[244]; 5) a capacidade dos advogados para obterem informação sobre a(s) outra(s) parte(s) que possa traduzir-se numa vantagem negocial (i.e., que supere o custo com o advogado e aumente o ganho judicial expectável)[245]; 6) a consideração de estratégias que sejam próprias do "plea bargaining"; 7) o conhecimento, pelas partes, de que os juízes observam e valoram o comportamento das mesmas antes ou durante as negociações – o que pode aumentar as hipóteses de ocorrência de *efeitos de demonstração* por parte dos litigantes, podendo assim diminuir a fiabilidade da informação observada[246]; 8) o conhecimento, pelas partes, de que o resultado a que se chegará por acordo (ou apenas a informação revelada ou partilhada) poderá servir como *precedente* para futuras negociações (os chamados "game-to-game informational links", potencialmente aplicáveis a todos os envolvidos, litigantes, advogados ou juízes)[247].

Ainda outros factores aplicáveis: 9) o *efeito de desconto temporal*, o qual, sendo previamente conhecido, funcionará, de certo, como incentivo à realização de um acordo relativamente "rápido"[248]; ou

---

[244] De acordo com Katheryn Spier ["The dynamics of pretrial negotiation", in: *The Review of Economic Studies*, 59 (1), 1992, pp. 93-108], a inexistência de custos de negociação levaria à realização do acordo apenas no último momento possível.

[245] Ver, p. ex.: WATTS, Allison – "Bargaining through an expert attorney", in: *Journal of Law, Economics, & Organization*, 10 (1), 1994, pp. 168-186.

[246] Ver DAUGHETY, Andrew F.; REINGANUM, Jennifer F. – "Keeping society in the dark: on the admissibility of pretrial negotiations as evidence in court", in: *Rand Journal of Economics*, 26 (2), 1995, pp. 203-221.

[247] CHE, Yeon-Koo; YI, Jong Goo – "The role of precedents in repeated litigation", in: *Journal of Law, Economics, & Organization*, 9 (2), 1993, pp. 399-424; YANG, Bill Z. – "Litigation, experimentation and reputation", in: *International Review of Law and Economics*, 16 (4), 1996, pp. 491-502.

[248] Embora normalmente não sejam muito rápidos, até por causa da chamada "winner's curse" (assim chamada por se tornar suspeita, *ipso facto*, a proposta de acordo que facilmente é aceite).

como incentivo para a intervenção de outros *jogadores* (p. ex., advogados) – o que terá como efeitos prováveis o aumento dos custos para os litigantes, a redução dos *negative expected suits* e o surgimento do "deadline effect" referido por Spier[249]; 10) genericamente, a aversão ao risco, as regras de repartição de custos, os mecanismos de revelação ou os montantes concedidos em Tribunal.

b) **Algumas Aplicações**

i) ***Processos de Resolução Negociada de Litígios***

A literatura da *Law and Economics* sobre a arbitragem é relativamente esparsa[250] e muitas vezes dividida no estudo separado da arbitragem laboral e comercial. Desta divisão deriva, como refere Bruce Benson[251], uma outra separação habitual na literatura: de um lado, a

---

[249] Ver SPIER, Katheryn – "The dynamics of pretrial negotiation", in: *The Review of Economic Studies*, 59 (1), 1992, pp. 93-108. Vd., também: BEBCHUK, Jan. 1996, pp. 1-25; DEFFAINS, Bruno; DORIAT, Myriam – "The dynamics of pretrial negociation in France: is there a deadline effecting the french legal system?", in: *International Review of Law and Economics*, 19 (4), 1999, pp. 447-470; DAUGHETY, Andrew F.; REINGANUM, Jennifer F. – "Endogenous sequencing in models of settlement and litigation", in: *Journal of Law, Economics, & Organization*, 9 (2), 1993, pp. 314-348.

[250] Principais análises podem encontrar-se em, e.g.: LANDES, William M.; POSNER, Richard A. – "Adjudication as a private good", in: *Journal of Legal Studies*, 8 (2), 1979, pp. 235-284; BERNSTEIN, Lisa – "Opting out of the legal system: extra-legal contractual relations in the diamond industry", in: *Journal of Legal Studies*, 21 (1), 1992, pp. 115-157; BLOOM, David E. – "Empirical models of arbitrator behavior under conventional arbitration", in: *Review of Economics and Statistics*, 68 (4), 1986, pp. 578-585; ASHENFELTER, Orley – "Arbitration behavior", in: *American Economic Review. Papers and Proceedings*, 77 (2), 1987, pp. 342-346; SHAVELL, Steven – "Alternative dispute resolution: an economic analysis", in: *Journal of Legal Studies*, 24 (1), 1995, pp. 1-28.

[251] BENSON, Bruce L. – "Arbitration". In: BOUCKAERT, Boudewijn; DE GEEST, Gerrit (eds.) – *Encyclopedia of Law and Economics. Volume V. The Economics of Crime and Litigation*. Cheltenham, Edward Elgar, 2000, pp. 159-160.

análise das relações entre a arbitragem e a litigância (na arbitragem comercial, dado tratar-se normalmente de uma decisão voluntária); do outro, a análise da influência que a arbitragem pode exercer nos incentivos para a negociação entre as partes (neste caso, na arbitragem laboral, dado tratar-se normalmente de um processo obrigatório).[252]

Algumas das vantagens normalmente associadas à arbitragem, frequentes vezes referidas, são[253]: 1) a maior especialização dos juízes; 2) a maior rapidez nas decisões; 3) os menores custos para as partes; 4) a maior privacidade (se assim for possível e desejado); e 5) as menores hipóteses de erro judicial.

Um dos primeiros aspectos potencialmente controversos refere-se ao processo de selecção dos árbitros, o qual pode influenciar o modo de actuação dos mesmos e faze-los seguir, mesmo que involuntariamente, o padrão (mais ou menos recomendável) de actuação de outros árbitros – os defensores da selecção presumem, no entanto, que a competição entre estes terá como efeito o aumento dos níveis de qualidade do serviço prestado, com claras vantagens para as partes que a eles recorrem. De resto, outra vantagem da selecção adviria do efeito de *desnacionalizar* as disputas, em particular as disputas comerciais (recorrendo-se, p. ex., ao uso e ao costume comercial internacional).

De facto, não há dúvida que, para o árbitro, a maior dificuldade sentida para conseguir a "aceitação" das partes impõe um rigor e profissionalismo elevados – o que se traduz em óbvias vantagens para as partes, que têm acesso a decisões rápidas, claras e adaptadas ao teor técnico exigível e envolvido no caso.

Mas pode também argumentar-se que a lógica da escolha do árbitro fará pender as decisões para uma intolerável parcialidade (o que

---

[252] Algumas análises económicas de alternativas para a resolução de lítigios podem encontrar-se em: SILVESTRI, Elisabetta – "La «court-annexed arbitration»: un nuovo rimedio per un vecchio problema", in: *Rivista Trimestrale di Diritto e Procedura Civile*, Anno XLIX (1995), fascicolo terzo, pp. 1035-1055; RESNIK, Judith – "Risoluzione alternativa delle controversie e processo: uno sguardo alla situazione nordamericana", in: *Rivista Trimestrale di Diritto e Procedura Civile*, Anno LI (1997), fascicolo terzo, pp. 699-715.

[253] Sobre este ponto, ver, v.g., na literatura jurídica portuguesa: DIAS, João Álvaro – *Resolução Extrajudicial de Litígios*. Coimbra, Almedina, 2002; COELHO, João Miguel Galhardo – *Arbitragem*. Coimbra, Almedina, 2000.

desloca a análise, mais uma vez, para o modo de selecção dos árbitros – aqui com diversas soluções de possível aplicação, desde a limitação temporal de exercício, passando pela escolha condicionada com direito de veto das partes, ou ainda a selecção prévia, de forma aleatória, rotativa ou independente).

Em muitos casos, mais do que o resultado de uma escolha, a arbitragem pode ser apenas o resultado da concessão que é feita perante a ameaça credível de recurso a um Tribunal para resolução de um dado dissenso – se bem que, como é referido por alguns autores, a ameaça de sanções não legais (p. ex., a perda de reputação entre parceiros comerciais), e, de forma ampla, os próprios mecanismos de reciprocidade, podem também contribuir para sedimentar a prática da arbitragem.

Essa *sedimentação natural* não significa que se adira à imposição da arbitragem, dado que, como o prova a experiência norte-americana de início dos anos de 1980[254], tal poderia servir de pretexto para, sistematicamente, testar a correcção das soluções arbitrais nos Tribunais Judiciais – o que significaria aumento e não diminuição dos custos, como seria do interesse das partes e dos Tribunais Judiciais.

Uma das desvantagens habitualmente invocadas, quando se trata da arbitragem, tem sido a da dificuldade ou mesmo incapacidade em gerar precedentes ou estabelecer regras que possam influenciar mais alguém para além das partes envolvidas, dado o carácter normalmente privado do processo.[255]

Embora a coberto de uma razoável dose de cinismo, poder-se-ia mesmo colocar a hipótese de os árbitros evitarem propositadamente essa produção, uma vez que, de outro modo, veriam a sua importância claramente diminuída. Contudo, se se analisar com mais atenção, verificar-se-á que a capacidade de adaptação da arbitragem à vontade das partes é a suficiente para permitir, quando desejado pelas mesmas, a divulgação pública de informação ou a amplificação económica dos efeitos das decisões arbitrais.

---

[254] Segundo Bernard Ashe (1983) cit. in: BENSON, 2000, p. 169.

[255] Não se quer dizer com isto que não exista, em caso algum, amplificação dos resultados da arbitragem – mas ela é, normalmente, muito menor do que em casos de litigância judicial.

Um aspecto interessante, que é recorrentemente avocado quando se trata do processo de negociação em fase de arbitragem, e que parece ser corroborado pelos dados estatísticos avançados por Janet Currie, é o de uma possível ocorrência de um "narcotic effect"[256] (dependência da arbitragem e refreamento da negociação: "chilling effect"[257]), de acordo com o qual, perante um processo de arbitragem obrigatório, as partes desistiriam de quaisquer esforços de negociação.[258]

Contudo, para se poder afirmar essa ocorrência, teriam que ser ponderados uma série de factores, tais como, p. ex.: 1) os *custos de transacção*; ou 2) a relação entre esses custos e o valor dos resultados da arbitragem; ou 3) a relação entre esses custos e os custos da própria arbitragem; ou 4) o grau de aversão ao risco; ou ainda 5) a segurança ou certeza das decisões arbitrais.

Em última análise, até o próprio formato do processo de arbitragem pode influenciar a resposta a dar – uma vez que, p. ex., a "final offer arbitration" (FOA) apresenta, com a aproximação (espontânea ou "forçada") dos montantes que são exigidos pelas partes, vantagens sobre a *arbitragem tradicional*. Por outro lado, poderá haver uma possível sinalização positiva com o recurso à arbitragem (em princípio desejável pelas partes), quando proposta inicialmente por uma ou mesmo ambas as partes.[259]

---

[256] Descrito por Willard Writz em 1963 e primeiramente analisado por EHRENBERG, R. G.; BUTLER, R. – "Estimating the narcotic effect of public sector impasse procedures", in: *Industrial and Labor Relations Review*, 35 (1), 1981, pp. 3--20. Vd. também: BOLTON, Gary E.; KATOK, Elena – "Reinterpreting arbitration's narcotic effect: an experimental study of learning in repeated bargaining", in: *Games and Economic Behavior*, 25 (1), 1998, pp. 1-33.

[257] Sobre este *chilling effect*, vd., p. ex.: CHAPPE, 2002 (a), pp. 39-45.

[258] A que poderá não ser alheio o denominado, e porventura sobreavaliado, "principal-agent problem" [o advogado teria, frequentemente, maior interesse na litigância judicial do que na arbitragem, por motivos económicos mas também, eventualmente, por causa do natural maior domínio que tem da Lei do que de quaisquer técnicas de negociação – assim, p. ex., CHARNY, David – "Nonlegal sanctions in commercial relationships", in: *Harvard Law Review*, 104 (2), 1990, p. 427], o qual, por seu lado, poderá acarretar o surgimento de um elevado *risco moral*, concretizado num menor empenho do advogado, dado estar sempre disponível, em princípio, o recurso às instâncias judiciais.

[259] Ver, a este propósito, CHAPPE, 2002 (b), pp. 27 e ss..

Não são apenas as relações entre negociação e arbitragem as únicas a considerar – também as relações entre arbitragem e litigância são de ponderar, tendo em conta, no entanto, aspectos distintos, nomeadamente: 1) o maior ou menor desconhecimento da arbitragem; 2) a relação entre os custos económicos da arbitragem e os da litigância judicial; 3) a ponderação das vantagens e desvantagens da litigância (v.g., ao nível da publicidade do processo, da morosidade, da incerteza das decisões ou da complexidade da Lei); 4) a ponderação do surgimento, na arbitragem, de *litigantes frívolos* (os quais podem vir a ameaçar com as despesas da litigância como forma de obter um "acordo" satisfatório – este é, também, um dos problemas que pode surgir com a maior facilidade concedida no acesso aos Tribunais Judiciais[260]).

Concluir-se-á, assim, que a arbitragem tem diversas vantagens que podem ser aproveitadas – embora, para ganhar projecção, não dispense a publicidade. A arbitragem adquirirá peso se demonstrar melhores resultados do que aqueles que são alcançados pela litigância, caso contrário, a arbitragem entrará, invariavelmente, num processo de definhamento. A realidade actual parece demonstrar, contudo, uma cada vez maior abertura dos litigantes aos processos de arbitragem, o que está a contribuir para reforçar a ideia de uma passagem gradual e segura para um novo paradigma de Justiça, também fortemente apoiado em resoluções extra-judiciais de conflitos.

Contando com a já referida arbitragem, são visíveis aspectos vantajosos comuns nas múltiplas formas alternativas de resolução de litígios, tais como: 1) as partes participam voluntariamente; 2) o processo alternativo tem em vista a resolução dos dissensos de acordo com o interesse das partes (flexibilidade e informalidade de acordo com uma "interest-based approach"); 3) o processo alternativo de resolução de litígios obedece a um princípio da confidencialidade (privacidade do processo) – isto porque assim se evitam todos os riscos económicos (e outros) associados à *má publicidade* (o litígio judicial poderia ser do

[260] Problema difícil de solucionar, uma vez que os efeitos da reputação e da reciprocidade só resultam, na maioria dos casos, de jogadores insistentes e de jogos repetidos.

conhecimento de fornecedores, clientes, accionistas ou outros interessados, no caso de empresas; ou de familiares, amigos, conhecidos, ou mesmo da sociedade, no caso de particulares) ou à revelação ou descoberta indesejada de informações, sejam do foro pessoal, profissional ou comercial; 4) o processo alternativo demonstra ser, por regra, mais rápido e menos custoso do que qualquer forma de litigância judicial (ou mesmo de arbitragem, se se fizer a comparação particular com a mediação ou outros processos mais simples[261]) – cumprindo-se, assim, o importante princípio da *economia de meios*.

Num quadro geral, as diversas *alternative dispute resolution*s (ADRs) podem ser divididas em: 1) negociação; 2) prelúdio de uma ADR (v.g., *early neutral evaluation*, *summary jury trial*); 3) ADR com intervenção de terceiro(s) (v.g., *ombudsman*, mediação privada, *mini-trial*); e 4) ADR com resolução por terceiro(s) [v.g., arbitragem privada (High/Low, CombA, FOA, TOA) e institucional, *private judging*].

A negociação, forma mais consensual de resolução de litígios, pode ainda ser segmentada em duas subespécies: 1) a tradicional "competitive negotiation"; e 2) a mais inovadora "principled negotiation"[262] – a qual se baseia na troca de informações sobre os motivos para a assunção, pelas partes, de uma certa posição negocial prévia, o que permite localizar os interesses subjacentes a essas posições negociais e procurar opções que sirvam satisfatoriamente esses interesses (e não para forçar uma *petição de princípio* como sucede normalmente com a "competitive negotiation").

---

[261] A arbitragem pode ser considerada, a par com a mediação e outras modalidades que serão mencionadas, como uma forma alternativa de resolução de litígios – no entanto, não demonstra possuir as mesmas vantagens que surgem normalmente associadas às restantes modalidades, pelo que se justifica esta indicação.

[262] V., a propósito desta: FUNKEN, Katja – "The pros and cons of *Getting to Yes*. Shortcomings and limitations of principled bargaining in negotiation and mediation". München, *Zeitschrift für Konfliktmanagement*, 2002, 23 p.. A "principled negotiation" baseia-se no livro de FISHER, Roger; URY, William – *Getting to Yes. Negotiating Agreement Without Giving In*. Boston, Houghton Mifflin Co., 1981. Uma crítica pode ser vista em: WOLSKI, Bobette – "The role and the limitations of Fisher and Ury's model of interest-based negotiation in mediation", in: *Australian Dispute Resolution Journal*, 5 (3), 1994, pp. 210-221.

Uma análise económica da negociação parece ser dificultada pela previsível forte variabilidade dos casos – embora, a ser feita, tenha que ter, como parâmetros aferidores, alguns dos aspectos já referidos (entre outros, aversão ao risco, custos com a obtenção de informação, custos da dilação temporal, reputação). Neste contexto, não parece ser difícil vislumbrar as vantagens que a mais inovadora "principled negotiation" pode vir a ter, em particular se cumprir com os quatro princípios cumulativos que a regem: 1) "separate the people from the problem"; 2) "focus on interests, not positions"; 3) "invent options for mutual gain"; e 4) "use objective criteria".

Na passagem da simples negociação para a mediação (entenda-se igualmente a conciliação – o conciliador teria apenas um papel mais participativo), o processo passa a incorporar uma parte estranha ao mesmo (logo, neutral e imparcial), o mediador (ou conciliador)[263], cujo objectivo fundamental é o de ajudar as partes a chegarem a um entendimento negociado pelas mesmas. E apenas nessa medida, dado que ao mediador não estão atribuídos poderes de imposição de soluções, embora as formas processuais para alcançar essas soluções possam ser, por este, sugeridas. Aliás, como é sabido, a autoridade do mediador nada mais é do que aquela que lhe for conferida pelas partes.

Este aspecto da mediação marca uma clara diferença face à arbitragem, na medida em que permite às partes gerirem os custos inerentes à utilização do mediador e, por essa via, poderem aquilatar da necessidade do mesmo em face dos resultados alcançados. O reverso da vantagem reside na impossibilidade (salvo se for determinado o contrário pelas partes) do mediador impor uma solução para o caso (o que poderá levar, por vezes, a resultados pouco compatíveis com critérios de *justiça material*).

Aspectos habitualmente referidos como comuns às diversas formas de mediação são os seguintes: 1) tal como na negociação, a mediação deve obedecer ao princípio da confidencialidade (privacidade do processo); 2) a mediação deve atingir uma solução que satisfaça as

[263] A regra costuma ser a de um mediador apenas; no entanto, é possível que existam dois (caso, p. ex., da co-mediação no Direito da Família brasileiro) ou mais mediadores.

partes envolvidas (a "win-win-solution") – o que significa que podem ser inteiramente satisfeitos os interesses das partes sem que estas fiquem inteiramente satisfeitas com os resultados (o exemplo referido em *Getting to Yes*, é o da laranja que é salomonicamente cortada ao meio, quando o que interessaria a um seria a polpa e a outro a casca...).[264] Resta como questão mais difícil averiguar do modo mais eficaz para que se dê a percepção das vantagens que a "win-win-solution" pode trazer.

A mediação pode ser feita com modalidades mais ou menos formais, sabendo-se já de antemão que as modalidades menos formais serão também, em princípio, as menos custosas e, provavelmente, as mais consensuais. Como prova disto, verifique-se o caso dos "private meetings" em caso de dissenso entre empresas, com uma fase de *pré-mediação* (em que é escolhida a forma de resolução, o mediador, as regras processuais básicas e quem deve participar nas conversações prévias e separadas do mediador com cada uma das partes), a que se segue uma fase (que se poderia apelidar) de *mediação stricto sensu* (com negociações, via mediador, ou conjuntamente com o mediador), e, terminando com uma fase *pós-mediação* (na qual se concluem as negociações ou com o estabelecimento dos termos do acordo e o comprometimento pelas partes, ou com a quebra das negociações e o avanço para arbitragem ou litigância judicial).

Uma modalidade um pouco mais formal de mediação é a do *mini-trial*.[265] Neste caso, já não é normalmente possível dispensar a intervenção de advogados e as regras processuais básicas passam a ser determinadas previamente pelo "tribunal" (presidido por uma parte estranha e assis-

---

[264] Esta é uma forma que pode ser estendida à arbitragem (contrariando a lógica da estratégia mista do árbitro, supostamente indutora da aproximação das partes), sendo até a melhor hipótese quando se detectam sinais de inconciliabilidade das partes [vd. CHAPPE, N. – "Arbitration and incentives...", in: *European Journal of Law and Economics*, 14 (1), 2002 (a), p. 44].

[265] Vd., sobre este, v.g.: LINDBLOM, P. H.; WATSON, G. D. – "Courts and lawyers facing complex litigation problems". In: VAZ, A. M. Pessoa (ed.) – *Role and Organization of Judges and Laywers in Contemporary Societies*. Coimbra-Lisboa, International Association for Procedural Law, 1995, p. 491; HOELLERING, Michael F. – "The mini-trial", in: *The Arbitration Journal*, 37, Dec. 1982, pp. 48-50.

tido por dois representantes de cada uma das partes, que não tenham estado previamente envolvidos no caso, nem sequer indirectamente).

As apresentações dos casos, embora abreviadas, são formais (porque obedecem às regras pré-determinadas) e a proposta de acordo feita pelo "tribunal" baseia-se apenas naquilo que ficou dito. O apoio prestado por parte dos representantes é decisivo na medida em que permite a aproximação dos interesses às posições legalmente atendíveis, com a experiência de quem conhece aprofundadamente as matérias em causa.

Tendo em vista evitar que os custos das partes se avolumem e não se chegue a retirar qualquer vantagem da mediação, uma outra modalidade, de contornos híbridos, tem vindo a destacar-se: a "mediação-arbitragem" ou "med-arb".[266] Nesta, as partes, no caso de não conseguirem obter o acordo através da mediação, confiam o processo de arbitragem ao ex-mediador. O árbitro aproveita agora o conhecimento aprofundado que tem do dissenso, o que também obriga as partes a procurarem uma solução rápida (dado que as informações eventualmente decisivas foram já reveladas numa fase anterior).

A modalidade inversa da que acabou de referir-se é a da "arbitragem-mediação" ou "arb-med". Nesta, as partes submetem-se a arbitragem e podem saber do resultado da mesma por envelope fechado, o qual podem abrir ou não. Se o abrirem, as partes submetem-se obrigatoriamente ao resultado aí indicado; se não o abrirem, o ex-árbitro passa a mediador e espera-se pelo encontro de interesses. Se este não surgir, as partes submetem-se à decisão que tinha ficado no envelope fechado. Segundo informa Susana Bandeira[267], este tem sido um método aplicado na Argentina. As vantagens são visíveis, nomeadamente na experiência de árbitro do mediador e na limitação, embora forçada, das possíveis divergências; no entanto, os custos da arbitragem não são irrelevantes e podem constituir um *sunk cost* com reflexos nas opções das partes na fase de mediação.

---

[266] Sobre a "med-arb", ver, v.g.: ZARKALAM, Satar – "Les avantages et les inconvénients du «med-arb» comme mode alternatif de règlement des conflicts", in: *Revue Générale des Procédures*, n.º 4, Oct.-Déc. 1998, pp. 589-599.

[267] Vd. BANDEIRA, "A mediação como meio privilegiado de resolução de litígios", in: AA.VV. – *Julgados de Paz e Mediação – Um Novo Conceito de Justiça*. Lisboa, AAFDL, 2002, p. 115.

ii) *Processos de Resolução Não Negociada de Litígios*

A propósito da resolução não negociada de litígios, são de ponderar também formas alternativas (*extra* arbitragem tradicional, que foi analisada na alínea anterior por ser canónica quanto aos méritos e deméritos gerais dos processos alternativos).

Essas formas podem ser divididas em dois ramos principais: 1) o *private judging* ou "rent-a-Judge" [algumas das diferenças relativamente ao "julgamento tradicional" prendem-se com o facto: a) de serem as partes a apontar o juiz, normalmente jubilado, e a pagar pelo seu trabalho; b) de o processo ser adaptado conforme as necessidades do caso apresentado; e c) de as sessões de julgamento serem em privado (o que é uma vantagem, mas apenas para quem pode suportar o custo[268])]; e 2) a *tailored arbitration*, abarcando uma grande variedade de processos alternativos à arbitragem, como é o caso da *document only arbitration*, do *summary jury trial*, da *early neutral evaluation*, da *high-low arbitration*, da *settlement conference*[269], das *combined arbitrations* (CombA; CombAMod)[270], ou ainda da "final offer" e da "tri offer arbitration" (FOA; TOA).

Valerá a pena analisar com algum pormenor, através de uma perspectiva económica, as últimas modalidades referidas, porque mais complexas e interessantes.

Assim, a respeito da FOA, caberá dizer que nesta os montantes reclamados pelas partes são previamente indicados e não podem ser

---

[268] Embora, como referem COOTER, Robert; ULEN, Thomas – *Law and Economics*. N.Y., HarperCollins Publishers, 1988, p. 500, se possa afirmar que a resolução rápida e alternativa dos processos, mesmo que apenas de litigantes mais abastados, beneficiaria indirectamente todo o tipo de litigantes através da redução do congestionamento dos Tribunais.

[269] Sobre estas três últimas, ver, p. ex.: CROWNE, Caroline Harris – "The alternative dispute resolution act of 1998: implementing a new paradigm of justice", in: *New York University Law Review*, 76 (6), 2001, pp. 1775-6.

[270] Sobre estas modalidades, ver, v.g.: BRAMS, S.; MERRILL III, S. – "Binding versus final-offer arbitration: a combination is best", in: *Management Science*, 32 (10), 1986, pp. 1346-1355; DICKINSON, David L. – "Dispute resolution with «combined» arbitration". Logan, Utah State University, Economics Research Institute, ERI 01-02, Febr. 2001, 23 p..

alterados (nem mesmo pelo Tribunal) com o decurso do processo.[271] O que significa que o já mencionado "chilling effect" ficaria reduzido[272] [seria esse, aliás, o objectivo principal da FOA, tal como configurada inicialmente por C. Stevens, ou por G. Long e P. Feuille[273]] e a aproximação induzida entre as partes poderia mesmo levar a uma negociação que precludisse a utilização da arbitragem. Note-se que essa negociação não conduzirá, em princípio, a um *valor de compromisso* radicalmente diferente daquele que o árbitro consideraria o mais adequado, dado que as partes concordariam com um valor muito próximo daquele que previsivelmente se supõe que seria escolhido em sede de arbitragem; i.e.: a decisão da FOA seria dispensada, mas não por causa dos méritos próprios da negociação.

Será, por outro lado, possível dizer que a FOA aumenta, mesmo que com os resultados indicados, a probabilidade de sucesso na negociação? Crawford (1979, p. 152) sugere que a FOA, principalmente quando vista como um "one-shot game", criaria uma espécie de *dilema do prisioneiro* que impediria a cooperação; claro que, havendo repetição ou continuação do jogo, será mais provável que esse dilema venha a surgir com menor frequência. Em todo o caso, subsistem dúvidas quanto à capacidade da FOA para facilitar a negociação cooperativa. Por outro lado, nada garante que as propostas feitas pelas partes, se distintas, sejam eficientes – o que significa que o árbitro poderá ter à

---

[271] Sobre a FOA, vd., p. ex.: CRAWFORD, Vincent P. – "On compulsory arbitration schemes", in: *Journal of Political Economy*, 87 (1), 1979, pp. 131-159; MCCALL, Brian P. – "Final offer arbitration and the incentive to bargain: a principal-agent approach". Princeton [New Jersey], Princeton University, Working Paper no. 233, June 1988, 24 p. + 3 figs.; ASHENFELTER, Orley; BLOOM, David E. – "Models of arbitrator behavior: theory and evidence", in: *American Economic Review*, 74 (1), 1984, pp. 111-124; MCANDREW, Ian – "Final-offer arbitration: a New Zealand variation", in: *Industrial Relations*, 42 (4), 2003, pp. 736-744.

[272] ASHENFELTER, CURRIE, FARBER et SPIEGEL (1990) afirmam não encontrarem provas empíricas da existência deste efeito.

[273] STEVENS, Carl M. – "Is compulsory arbitration compatible with bargaining?", in: *Industrial Relations*, 5 (2), 1966, pp. 38-52; LONG, Gary; FEUILLE, Peter – "Final-offer arbitration: sudden death in eugene", in: *Industrial and Labor Relations Review*, 27 (2), 1974, pp. 186-203; FEUILLE, Peter – "Final offer arbitration and the chilling effect", in: *Industrial Relations*, 14 (3), 1975, pp. 302-310.

sua escolha, obrigatoriamente, um resultado ineficiente. Logo, ou a negociação se produz e com ela surge um valor eficiente para as partes, ou não se produz e nesse caso não se vislumbra uma vantagem da FOA sobre a arbitragem *tradicional*.

Do que foi dito, infere-se que o sucesso da FOA pode estar dependente: 1) da forma como os litigantes vêem o comportamento dos árbitros em arbitragem tradicional (preferência por soluções eficientes ou pelo redutor "split-the-difference"); 2) do nível dos custos com a negociação; 3) da aversão ao risco (e à divulgação de informação privada); 4) da divergência de expectativas; 5) da própria utilização continuada da FOA (que poderá acentuar o já referido "narcotic effect").[274]

T. Kochan (1980)[275] salienta que a FOA pode conseguir produzir resultados mais eficientes porque impõe custos efectivos às partes no caso de falta de acordo (note-se a clara diferença que existe quando a decisão está limitada por dois valores claros); no entanto, reconhecer-se-á que, sendo a FOA mais arriscada (porque gera menor incerteza!), é de esperar que o *espectro da negociação* (ou "contract zone") se venha a comprimir, tornando esta modalidade menos apelativa.

Em relação à designada "tri-offer arbitration", convém referir que o árbitro está vinculado a uma de três propostas: as "final offers" das partes e a recomendação de uma terceira parte neutral (normalmente um árbitro, que propõe antes da apresentação das *final offers* pelas partes). A comparação da "tri-offer arbitration" (TOA) com a "arbitragem tradicional" (AT), as "combined arbitrations" (CombA e

---

[274] Sobre estes aspectos, ver, entre outros: FARBER, Henry S. – "An analysis of final-offer arbitration", in: *Journal of Conflict Resolution*, 24 (4), 1980, pp. 683-705; DICKINSON, David L. – "Expectations and their effects in comparative arbitration institutions". Logan, Utah State University, Preliminary Draft, 2003, 25 p.; FARMER, Amy; PECORINO, Paul – "Bargaining with voluntary transmition of private information: does the use of final offer arbitration impede settlement?". Arkansas/Alabama, Working Paper, July 2000, 28 p..

[275] KOCHAN, Thomas A. – "Collective bargaining and organizational behavior research". In: STAW, B.; CUMMINGS, L. (eds.) – *Research in Organizational Behavior, Vol. 2*. Greenwich, JAI Press, 1980 *apud* BENSON, 2000, p. 180. No mesmo sentido, vd.: CHELIUS, James R.; DWORKIN, James B. – "An economic analysis of final-offer arbitration as a conflict resolution device", in: *Journal of Conflict Resolution*, 24 (2), 1980, pp. 293-310.

CombAMod)[276], e a "final-offer arbitration" (FOA) é exposta no quadro seguinte[277]:

<table>
<tr><td></td><td colspan="2"></td><td>Ya</td><td>Yb</td><td>Yn</td></tr>
<tr><td>AT</td><td colspan="2">Incerteza máxima;
menor utilização (salvo se obrigatória); maiores custos</td><td>--------[278]</td><td>--------[278]</td><td>--------</td></tr>
<tr><td>FOA</td><td colspan="2" rowspan="3">Incerteza moderada;
maior utilização;
menores custos</td><td>se
| Ya – Yj | <
|Yj – Yb |</td><td>se
| Yj – Yb | <
|Ya – Yj |</td><td>--------</td></tr>
<tr><td>CombA</td><td colspan="3">1) se Ya < Yj < Yb → FOA;
2) se Yj < Ya v Yj > Yb → AT</td></tr>
<tr><td>CombA Mod</td><td colspan="3">2) se Yj < Ya v Yj > Yb,
mas Ya – Yb < μ [valor pré-definido] → FOA</td></tr>
<tr><td rowspan="3">TOA</td><td rowspan="3">Incerteza mínima;
utilização
e custos moderados (porque há um 2.º árbitro)</td><td>Yb < Yn < Ya</td><td>se
| Ya – Yj | <
|Yn – Yj |
∧
| Ya – Yj | <
|Yj – Yb |</td><td>se
| Yj – Yb | <
|Yn – Yj |
∧
| Yj – Yb | <
|Ya – Yj |</td><td>se
| Yn – Yj | <
|Ya – Yj |
∧
| Yn – Yj | <
|Yj – Yb |</td></tr>
<tr><td>Yb < Ya < Yn</td><td rowspan="2">se
| Ya – Yj | <
|Yj – Yb |
∧
| Ya – Yb | <
|Yn – Yj |</td><td rowspan="2">se
| Yj – Yb | <
|Ya – Yj |
∧
| Ya – Yb | <
|Yn – Yj |</td><td rowspan="2">se
| Yn – Yj | <
|Ya – Yj |
∧
| Yn – Yj | <
| Yj – Yb |
∧
| Yn – Yj | <
|Ya – Yb |</td></tr>
<tr><td>Yn < Yb < Ya</td></tr>
</table>

[276] Sobre estas, vd., e.g.: DICKINSON, 2001, pp. 6 e ss..

[277] Inspirado na análise de: ASHENFELTER, CURRIE, FARBER et SPIEGEL (1990). Ya, Yb e Yn representam, respectivamente, a "final offer" de A, B e do 2.º árbitro. Yj representa o valor tido como justo pelo árbitro principal. Presume-se que Ya > Yb e que ambos são diferentes de Yj e Yn. As três hipóteses abertas a propósito da "tri-offer arbitration" reflectem a influência que o conhecimento prévio do valor proposto pelo 2.º árbitro pode ter nas propostas das partes.

[278] Não é possível indicar os parâmetros probabilísticos sem um período de observação prévio e o valor a atribuir não está vinculado às propostas de A e B;

Um último aspecto que deve ser mencionado é aquele que diz respeito às custas destas formas alternativas de resolução de litígios. Teoricamente, poder-se-ia configurar um conjunto relativamente vasto de formas de repartição: 1) uma "flat fee" por processo (v.g., caso da taxa única prevista nos Julgados de Paz portugueses[279]); 2) em função da duração do processo (v.g., caso da *chotei* ou *mediação* judicial japonesa[280]); 3) em função da ponderação do árbitro (v.g., caso das arbitragens alemã, norte-americana e italiana); ou 4) em função de convenção de arbitragem subscrita pelas partes (v.g., caso da arbitragem voluntária portuguesa).

A escolha não é irrelevante e será tanto mais desencorajadora do recurso a estes meios alternativos quanto mais incerta for ou menos dependente estiver de resultados efectivos. Assim, se os custos forem pré-determinados podem servir de termo de comparação com outros meios de resolução de litígios e permitir determinar, com exactidão, um componente importante dos custos globais das partes.

Um último ponto breve para referir algumas possibilidades de apoio legal aos cidadãos menos favorecidos economicamente. Partindo

---

contudo, se o método do árbitro for, normalmente, o mero "split-the-difference", então Yj = (Ya + Yb) / 2. O que significa que quem estiver mais próximo de Yj terá ganhos superiores (ou perdas menores).

[279] Embora a totalidade da taxa única só seja paga pela parte vencida por decisão do juiz de paz (em caso de insucesso da mediação): ponto 8.º da Portaria n.º 1456/2001, de 28 de Dezembro.

[280] Vulgarizada através da Lei n.º 222 de 9/6/1951. Relativamente ao caso japonês, valerá a pena referir a importância dada ao *jori* (ou "natureza das coisas") nas decisões judiciais, e o relevo dado às formas alternativas de resolução de litígios. A este propósito, NISHITANI, Yuko – "Introdução à história do direito japonês", in: *Revista da Faculdade de Direito da Universidade Federal do Rio Grande do Sul*, Edição Especial, Set. 2002, p. 18, informa que, na era *Meiji*, o processo civil permitia ao juiz, caso o entendesse, emitir parecer vinculativo para a resolução do litígio por conciliação – como resultado, entre 1878 e 1885, as estatísticas dão conta de uma resolução por essa via em 80 a 90% dos litígios colocados nos Tribunais de primeira instância.

do princípio de que esse apoio deve existir, diversas técnicas têm sido utilizadas, com resultados para reflectir.[281]

Em Inglaterra, embora os custos com a Justiça sejam consideravelmente altos (principalmente, por causa do pagamento à hora[282]), existe um esquema de assistência que, aparentemente vocacionado para os mais desfavorecidos, acaba por abarcar muitos mais litigantes, apenas porque têm processos de baixo valor.

O esquema passa pela utilização da "conditional fee" [colocada em prática com a *Conditional Fee Agreements Order*, inicialmente de 1995, hoje de 2000 (SI no. 823)], segundo a qual o advogado nada recebe se a outra parte vencer; no entanto, se a outra parte perder, o advogado terá direito à "hourly fee", acrescida de um montante que

---

[281] Vd., v.g.: ZUCKERMAN, A. A. S. – "Assessment of cost and delay – a multinational perspective", in: RECHBERGER et KLICKA, 2002, pp. 170 e ss.; CHIARLONI, Sergio – "A comparative perspective on the crisis of civil justice and on its possible remedies", in: RECHBERGER et KLICKA, 2002, pp. 156-158; DANNEMAN, Gerhard – "Acess to justice: an anglo-german comparison", in: *European Public Law*, 2 (2), 1996, pp. 271-292.

[282] Genericamente, para uma análise ampla sobre as vantagens e desvantagens económicas da *quota litis* e da remuneração à hora, vd.: CHOI, Albert – "Allocating settlement authority under contingent fee arrangement". Virginia, University of Virginia, Dept. of Economics, *paper*, April 2002, 26 p. [= *Journal of Legal Studies*, 23 (2), 2003, pp. 585-610]; GAROUPA, Nuno; GOMEZ-POMMAR, Fernando – "Cashing by the hour: why large law firms prefer hourly fees over contingent fees". Barcelona, *paper*, July 2002, 18 p.; GRAVELLE, Hugh; WATERSON, Michael – "No win, no fee: some economics of contingent legal fees", in: *Economic Journal*, 103 (420), 1993, pp. 1205-1220; POLINSKY, A. Mitchell; RUBINFELD, Daniel L. – "A note on settlements under the contingent fee method of compensating lawyers", in: *International Review of Law and Economics*, 22 (2), 2002, pp. 217-225; EMONS, Winand – "Expertise, contingent fees, and insufficient attorney effort", in: *International Review of Law and Economics*, 20 (1), 2000, pp. 21-34; HAY, Bruce L. – "Optimal contingent fees in a world of settlement", in: *Journal of Legal Studies*, 26 (1), 1997, pp. 259-278; RUBINFELD, Daniel L.; SCOTCHMER, Suzanne – "Contingent fees for attorneys: an economic analysis", in: *Rand Journal of Economics*, 24 (3), 1993, pp. 343-356; RICKMAN, Neil – "Contingent fees and litigation settlement", in: *International Review of Law and Economics*, 19 (3), 1999, pp. 295-317.

pode atingir o valor global da remuneração horária (a chamada "sucess fee").[283/284]

Diversamente, na Itália, o esquema de apoio judicial passa pelo pagamento estatal a advogados, pelo preenchimento de critérios muito rígidos para a obtenção do apoio e pela aplicação, em regra, apenas a casos do foro criminal. Os resultados práticos têm sido custos baixos para o Estado mas, em contrapartida, recurso a advogados mal preparados (embora bem intencionados) e, em decorrência, uma baixa qualidade média dos serviços. Praticamente os mesmos resultados surgem no caso norte-americano. Os litigantes de mais fracos recursos "esperam" a aceitação de uma *quota litis*[285] ou de um trabalho *pro bono publico*. De outro modo, os apoios são escassos.[286]

---

[283] Repare-se como este esquema pode deter, com relativa eficácia, os *litigantes frívolos* e, ao mesmo tempo, incentivar advogados experientes a tomar estes casos em mãos. No entanto, não é evitado um gasto muito elevado por parte do Estado, como o comprova o valor de 1602 milhões de libras, relativo a 1998-1999. E são precisamente estes custos que estão a levar a Inglaterra a inverter, muito recentemente, a sua política de apoio judicial. Vd., v.g.: CRIFÒ, Carla – "La riforma del processo civile in Inghilterra", in: *Rivista Trimestrale di Diritto e Procedura Civile*, Anno LIV (2000), fascicolo secondo, pp. 511-528; GRAY, Alastair – "The reform of legal aid in England and Wales", in: *Fiscal Studies*, 20 (3), 1999, pp. 261-286; ZUCKERMAN, Adrian A. S. – "Le coût du procès en Angleterre", in: *Revue Internationale de Droit Economique*, 13 (2), 1999, pp. 253-265 (*maxime*, sobre o apoio legal, pp. 262 e ss.).

[284] Deste modo, vê-se a diferença face à *quota litis*, ao basear-se na contagem horária e ao não visar a obtenção do melhor resultado possível (apenas a mera vitória); e face às "speculative fees" escocesas (sem "uplift"). Note-se também uma outra inovação, introduzida com o impulso de Lord Woolf (o relatório final de 1996 serviu de prelúdio à reforma processual civil inglesa de 1999) – a tripartição em *small claims* (<£5000; *regra americana*), *fast tracks* (entre £5000 e £15000) e *multi tracks* (>£15000). Vd. ZANDER, 2002, pp. 22 e ss..

[285] A *quota litis* é também admitida no Canadá (excepto na província de Ontário).

[286] Manuel Serra Dominguez (in: PALOMINO, 1998, p. 430) informa que, no caso alemão, a vantagem de um patrocínio *gratuito* terá que depender da carência de bens para pagar, total ou parcialmente, as custas, e ainda da existência de suficientes probabilidades de êxito (o que é um controlo da possível *litigância de baixa probabilidade*, mas feita apenas sobre litigantes de fracos recursos...). Também na Alemanha, e segundo o mesmo autor (p. 429), pode haver uma diminuição nos honorários do advogado se o litigante for economicamente carenciado e perder.

Em síntese, poderão ser ponderadas três hipóteses alternativas: 1) os advogados serem pagos pelo Estado por horas de trabalho dispendidas (com limite de 100 horas, como sucede na Suécia?); 2) os advogados serem "subsidiados" pelo Estado, de acordo com objectivos; 3) os advogados serem pagos por um *contingency legal aid fund*[287].

[287] Esquema interessante, porque permite que litigantes economicamente carenciados vejam os seus custos pagos se perderem, mas, se ganharem, terão que pagar ao *fundo* uma determinada proporção do montante ganho em acordo ou julgamento (é ainda exigido um exame prévio da razoabilidade do pedido). Este esquema pode encontrar-se no *Supplementary Legal Aid Scheme* de Hong-Kong (limite de 15%), e no *Western* e *Southern Australian Litigation Assistance Fund* (15%). Sobre a sua aplicação na Irlanda do Norte, vd.: COPPER, David – "The contingency legal aid fund: a third way to finance personal injury litigation", in: *Journal of Law and Society*, 30 (1), 2003, pp. 66-83.

VII
A LITIGÂNCIA E A ECONOMIA

7.1 – A LITIGÂNCIA E A ECONOMIA

a) A Influência das Variáveis Macro-Económicas nos Níveis de Litigância (e vice-versa)

Depois de vistos alguns dos mais importantes aspectos da litigância na óptica da *Law and Economics*, passa-se agora a uma escala de análise diversa: a da interacção entre o nível de litigância e o estádio de desenvolvimento económico.[288] É reconhecido que o comportamento

[288] Vd., sobre esta matéria, p. ex.: CLEMENZ, Gerhard; GUGLER, Klaus – "Macroeconomic development and civil litigation", in: *European Journal of Law and Economics*, 9 (3), May 2000, pp. 215-230; LANDES, William M. – "An economic analysis of the courts". In: POSNER, Richard A.; PARISI, Francesco (eds.) – *Law and Economics. Volume 1*. Cheltenham, Edward Elgar Publishing Limited, 1997, pp. 61--107; FAURE, Michael – "A selection of empirical socio-economic research with respect to the functioning of legal rules and institutions in Belgium and the Netherlands", in: *European Journal of Law and Economics*, 11 (3), 2001, pp. 207-248. Vd., também: BLANKENBURG, Erhard – "Studying the frequency of civil litigation in Germany", in: *Law & Society Review*, 9 (2), 1975, pp. 307-319; LOON, Francis Van; DELRUE, Stephane; WAMBEKE, Win Van – "Sociological research on litigation: perspectives and examples", in: *European Journal of Law and Economics*, 2 (4), 1995, pp. 379-385; BLANKENBURG, Erhard – "The infrastructure for avoiding civil litigation: comparing cultures of legal behavior in the Netherlands and West Germany", in: *Law & Society Review*, 28 (4), 1994, pp. 789-808; BENSON, Bruce L. – "To arbitrate or to

da litigância não depende, apenas, de aspectos relacionados com a sua *estrutura interna* (como aqueles que têm sido referidos em capítulos anteriores), mas depende também de algumas variáveis macro-económicas determinantes, como o nível de desemprego ou a evolução do PIB (ou do PIB *per capita*).[289]

Ao analisar este tipo de interacção, continuam válidos os objectivos da *Law and Economics* nesta área. Tanto mais sabendo que estas variáveis condicionam, por vezes de forma decisiva, as expectativas dos litigantes (e, assim, o próprio tipo e nível de litigância). Até mais do que, eventualmente, regras de repartição de custos processuais.

Por outro lado, não se pode negar que a análise (de algumas) das variáveis terá que ser feita de forma combinada. Como exemplo, veja-se o caso de dois Estados que, embora apresentando níveis de desenvolvimento distintos, se vêem confrontados com idêntico fenómeno de utilização *desmesurada* do sistema judicial (p. ex., Portugal e França). Tendo em atenção estes aspectos, pode obter-se uma panorâmica geral, *cæteris paribus*, através do seguinte quadro:

---

litigate: that is the question", in: *European Journal of Law and Economics*, 8 (2), 1999, pp. 91-151.

[289] Outras variáveis são facilmente afastadas, como o crescimento demográfico (embora possa ser relevante quando acompanhe uma fase de evolução económica) – veja-se como não permite explicar, p. ex., a situação alemã ou dinamarquesa actual.

		Efeito sobre o n.º de processos	Dependência da *conjuntura* económica
Algumas Variáveis	PIB *per capita* (Δ)	+	Existe
	Grau de Abertura da Economia (Δ)	+	Existe
	Taxa de Desemprego (Δ)[290]	–	Existe
	Taxa de Urbanização (Δ)[291]	+	Não existe (directamente)
	Nível Educativo Médio (Δ)	+	Não existe (directamente)
	Poder de Compra *per capita* (Δ)	+	Existe
	Grau de Flexibilidade das Relações Sociais (Δ)	+	Existe

Dizer que estas variáveis influenciam, da forma indicada, o aumento do número de processos parece ter suficientes bases; no entanto, a comprovação empírica esbarra no facto de os movimentos da litigância resultarem de uma combinação complexa, em parte até inextricável, de múltiplas variáveis e de sinal diferente. Outro aspecto que deve ser lembrado é o de que não se pode afirmar, por princípio, um efeito imediato destas (ou de todas estas e outras) variáveis nos níveis de litigância. Mas os efeitos serão naturalmente tanto mais duradouros quanto mais persistentes se mostrarem.

290 Embora possa aumentar, pelo menos dentro do curto prazo, certo tipo de conflictualidade, nomeadamente a laboral, os efeitos gerais são de diminuição do número de processos.

291 Veja-se, como prova da notória dicotomia interior-litoral, a georeferenciação da variação processual (2001-2) por 1000 habitantes, dos processos cíveis entrados, por círculos judiciais, em: PORTUGAL – *Estatísticas da Justiça. Estatísticas Oficiais*. Lisboa, Ministério da Justiça, GEPMJ, 2002, p. 53.

Apesar de muitas vezes aventada, a influência dos níveis de litigância nas variáveis macro-económicas é de mais difícil comprovação. Por comparação com a influência das variáveis macro-económicas na litigância, esta influência é menos forte e, em regra, mais desfasada temporalmente (i.e., as variações nos níveis de litigância não se reflectem, desde logo ou em toda a sua extensão, nos indicadores económicos) – diz-se "em regra" porque, naturalmente, alterações mais ou menos repentinas das expectativas económicas podem reduzir o intervalo temporal de forma significativa (a este propósito, parece não dever subestimar-se a crescente influência dos diversos meios de comunicação social nessa mesma redução).

Para lá da discussão em torno da maior ou menor influência dos níveis de litigância nos níveis de desenvolvimento, parece inegável a existência de uma *correlação linear positiva* entre as duas variáveis[292/293]:

[292] Os dados relativos aos níveis de litigância são retirados de: WOLLSCHLAGER, Christian – "Exploring global landscapes of litigation rates", in: BRAND, J.; STREMPEL, D. (Hrsg.) – *Soziologie des Rechts: Festschrift für Erhard Blankenburg zum 60.* Gerburtstag, Nomos, 1998, pp. 587-8 *apud* KRITZER, Herbert – "Lawyer fees and lawyer behaviour in litigation: what does the empirical literature really say?". Austin, University of Texas School of Law, *paper*, 2001, p. 41 [= *Texas Law Review*, 80, June 2002, pp. 1943-1983]. Os restantes dados foram retirados de: WORLD BANK – *World Development Report 1999/2000*. N.Y., OUP, 2000, pp. 230-231 e 250-251. A média de crescimento da Etiópia exclui a Eritreia desde 1992.

[293] Segundo o coeficiente de correlação de Pearson, a correlação entre os valores indicados do PIB *per capita* e os respectivos níveis de litigância é de aprox. 0,59 (*correlação de tipo médio*).

	Níveis de Litigância: Processos/1000 hab. (1998)	PIB *per capita* em dólares americanos (1998)	Média de Crescimento do PIB (1990-1998)
Alemanha	123,2	25850	1,6%
Suécia	111,2	25620	1,2%
EUA	74,5	29340	2,9%
Reino Unido	64,4	21400	2,2%
Dinamarca	62,4	33260	2,8%
Hungria	53,4	4510	-0,2%
Portugal	40,7	10690	2,3%
França	40,3	24940	1,5%
Coreia do Sul	39,8	7970	6,2%
Nova Zelândia	37,7	14700	3,2%
Irlanda	32,7	18340	7,5%
Turquia	27,3	3160	4,1%
Rep. Checa	22,3	5040	-0,2%
Grécia	19,8	11650	2%
Tunísia	17,8	2050	4,4%
Países Baixos	16	24760	2,6%
Espanha	15,5	14080	1,9%
Zâmbia	15	330	1%
Venezuela	14,5	3500	2%
Japão	9,3	32380	1,3%
Paraguai	4,9	1760	2,8%
Índia	3,5 [294]	430	6,1%
Nepal	2,6	210	4,8%
Etiópia	1,7	100	4,9%

[294] Este valor é relativo ao estado de Maharashtra, um dos mais desenvolvidos da Índia.

Como facilmente se poderá constatar, nem os Estados mais desenvolvidos apresentam invariavelmente os mais elevados níveis de litigância, nem os menos desenvolvidos denunciam o contrário. Nem os Estados com maior conflictualidade judicial são necessariamente os que têm maior PIB *per capita*, nem os menos conflictuosos o PIB mais baixo. Nem a média da taxa de crescimento do PIB parece reflectir-se nos níveis de litigância ou vice-versa.[295] Pode, ainda assim, entrever-se uma relação estreita entre níveis de litigância e de desenvolvimento económico (v. nota 293).

O impacto possível dos níveis de litigância nesse desenvolvimento é, no entanto, como já se disse, de mais difícil comprovação, dada a necessidade de comparar o PIB *per capita* "real" com o PIB *per capita* "potencial" (ou seja, o PIB sem contabilização de reflexos nefastos da Justiça). Mesmo utilizando um raciocínio *cæteris paribus*, a comparação seria arriscada, pois, como se sabe, os comportamentos dos indivíduos nem sempre estão em absoluta sincronia com os condicionalismos económicos.[296]

A dificuldade em adoptar um tom assertivo quanto a relações entre níveis e até qualidade da litigância e nível de desenvolvimento económico[297] não se baseia apenas nos aspectos já mencionados.

---

[295] Isto não quer dizer que (até por se tratar de uma *correlação linear positiva*) não seja notada uma maioria de Estados *desenvolvidos* no topo da escala (com mais casos por 1000 habitantes) e, inversamente, uma maioria de Estados *em vias de desenvolvimento* na base da escala – a falta de condições económicas pode significar mesmo a falta de (ou de meios para a) Justiça. Notem-se também alguns casos atípicos, mas por motivos distintos: o nível muito baixo de litigância do Japão (onde, factores culturais, entre outros, terão o seu peso: MACFARLANE, Alan – "Law and custom in Japan: some comparative reflections", in: *Continuity and Change*, 10 (3), 1995, pp. 369-390); e a posição vizinha do topo da Hungria, embora claramente menos desenvolvida.

[296] Custos económicos deste desfasamento são sentidos, e a várias ordens: 1) por aqueles que procuram a Justiça e se afastam, agastados com a sua morosidade ou custosidade; 2) por aqueles que dela necessitam e dela não se podem afastar; 3) por causa daqueles que procuram a Justiça para fazer dela um uso prejudicial (*risk-seekers*, *rent-seekers*, litigantes *frívolos*,...).

[297] Ao contrário do que fazem, p. ex., CABRAL, Célia da Costa; PINHEIRO, Armando Castelar – "A justiça e seu impacto sobre as empresas portuguesas". In:

Também a disparidade de critérios e categorias estatísticas utilizados pelos vários Estados na área da Justiça (que pode levar, p. ex., a que os mais incautos extraiam conclusões quanto à duração dos processos através do cotejo de fases processuais não confrontáveis[298]), dificulta uma comparação internacional fidedigna.

Neste aspecto, talvez a sondagem da influência do desempenho das instituições judiciais, de acordo com as preferências demonstradas pelos agentes económicos, possa ajudar a esbater algumas das dificuldades referidas.

Foi este o caminho adoptado, para o caso português, por um estudo recente de Célia Cabral e Armando Pinheiro.[299/300] A importância da actuação do aparelho judicial nas decisões dos agentes económicos (neste caso, empresas dos mais diversos ramos de actividade) é razoável, embora esteja dependente da dimensão dos mesmos.[301] Mas não terá o peso que, por exemplo, muito possivelmente tem em mercados específicos (como é demonstrado num estudo, dos mesmos autores, sobre mercados de crédito no Brasil).

Embora o estudo para o caso português apresente valores preocupantes ao nível da imagem do funcionamento da Justiça, da morosidade judicial e, pior, da própria imparcialidade (45,7% boa ou muito

---

BANCO DE PORTUGAL – *Desenvolvimento Económico Português no Espaço Europeu: Determinantes e Políticas.* Lisboa, Conferências do Banco de Portugal, Maio 2002, pp. 61-2, ao afirmarem que o funcionamento ágil da Justiça traria o aumento do emprego em 5%, da produção em 7,7%, e do investimento em 8,33% [num estudo realizado por estes autores em 2003 (pp. 96-7) são avançados outros valores]. Sobre outras tentativas de quantificação: LYNCH et GUISSARI, 1999, pp. 22 e ss..

[298] Vd., a este respeito: CHIARLONI, in: RECHBERGER et KLICKA, 2002, pp. 151--152.

[299] CABRAL, Célia da Costa; PINHEIRO, Armando Castelar – *A Justiça e seu Impacte sobre as Empresas Portuguesas.* Coimbra, Coimbra Editora, 2003. Vd., também: PINHEIRO, Armando Castelar – "Judicial system performance and economic development". Rio de Janeiro, BNDES, Ensaio n.º 2, October 1996, 41 p..

[300] Note-se que a amostra do estudo apresenta limitações, naturalmente involuntárias – aliás, assinaladas pelos autores –, que são principalmente devidas à fraca adesão dos inquiridos.

[301] Verifica-se, p. ex., que são, como seria de esperar, as grandes empresas as que mais recorrem aos Tribunais. Vd. CABRAL et PINHEIRO, 2003, pp. 55 e ss..

boa; 32,6% má ou muito má) e previsibilidade da decisão judicial (27% boa ou muito boa; 44,5% má ou muito má), o impacto do desempenho do sistema judicial nas decisões das empresas portuguesas não poderá ser considerado elevado[302]: os impostos, as infra-estruturas, os custos salariais e o acesso a mão-de-obra especializada são tidos como factores com maior importância.

Mas há aspectos onde a influência não deixa de ser muito visível. Por exemplo, no receio do investimento em território nacional (principalmente por parte das grandes empresas), no receio em negociar com clientes não conhecidos ou não referenciados (principalmente por parte das pequenas empresas), ou no receio em celebrar negócios com o sector público (independentemente da dimensão da empresa, acabando por se reflectir na introdução camuflada de um *prémio de risco judicial* nos preços praticados).

Outra questão que não pode deixar de ser mencionada, e que se prende, igualmente, com a necessidade de obter comparações fiáveis, é a que diz respeito à comparação dos níveis de litigância tendo em conta (ou esquecendo) o chamado *backlog* – o qual pode ser histórico, actual ou, pior, crónico. Ponderar o *backlog* é no fundo verificar em que medida o atraso nas decisões se deve a uma tantas vezes referida "litigation explosion", ou antes à bem menos mencionada "backlog explosion". A relevância ressalta de uma observação relativamente simples: existem Estados que apresentam níveis de litigância razoavelmente baixos (medidos em número de processos entrados) e que, contudo, têm *backlogs* elevadíssimos, os quais, por sua vez, conduzem, como seria de esperar, a atrasos judiciais consideráveis.

Parece ser, então, relevante considerar a influência que o *backlog judicial* pode ter no crescimento do número de processos entrados: seguindo esta linha de raciocínio, pode afirmar-se, em tese, que um *backlog* cada vez mais elevado conduz a um maior atraso, reflectin-

---

[302] Aliás, assiste-se a um fenómeno curioso: se os inquiridos reconhecem um impacto negativo do funcionamento do sistema judicial na economia nacional (48% das respostas), por outro lado, dividem-se quanto ao impacto desse sistema no desempenho das suas empresas (30,9% afirmam a inexistência de impacto e 34,2% afirmam a existência de um impacto negativo), e quanto aos benefícios decorrentes de melhoramentos legais ("500 maiores" *versus* restantes empresas).

do-se num número inferior de processos entrados; mas, qual *mecanismo de estabilização automática*, logo que o número de processos diminua (ou atinja um certo limiar), os processos entrados começam a aumentar (o que provocará um renovado incremento do *backlog* e, diferidamente, do atraso judicial).[303/304]

A terminar, deixa-se um conjunto de apontamentos estatísticos[305] sobre Portugal, fazendo-se notar, num primeiro quadro, o crescente emprego de meios humanos – o qual parece demonstrar não ser capaz de acompanhar eficazmente o número de processos. Esta dificuldade pode também traduzir uma crescente tensão entre os agentes da Justiça: os magistrados judiciais (principalmente se avaliados de acordo com *padrões de eficiência*) tentariam o aumento da *taxa de execução judicial*, mas ainda assim poderiam ver-se confrontados com uma notável expansão do número de advogados, os quais, por sua vez, provocariam um aumento acentuado do número de processos entrados (apoiados no discutível paradigma de que só se pode encontrar a "Justiça" nos Tribunais Judiciais, e guiados por uma conduta de afirmação no "mercado").[306]

---

[303] Sobre este ponto, vd. CHIARLONI, 2002, pp. 153-154; e ZUCKERMAN, A. A. S. – "Assessment of cost and delay – a multi-national perspective". In: RECHBERGER, Walter H.; KLICKA, Thomas (orgs.) – *Procedural Law on the Threshold of a New Millenium.* Wien, XI World Congress on Procedural Law, Manzsche Verlags, 2002, pp. 169 e ss.. Sobre o panorama do *backlog judicial* em diversos Estados, ver ainda: ZUCKERMAN, 2002, pp. 179 e ss..

[304] Que os níveis elevados de litigância podem conduzir a resultados económicos perversos, também não parece ser algo passível de fácil refutação. Tome-se o exemplo do *risco moral*, o qual surge com muito maior facilidade (e em muito maior dimensão) em sistemas jurídicos caracterizados por uma excessiva morosidade ou por uma (grave) desconfiança relativamente às capacidades ou idoneidade dos intervenientes da Justiça.

[305] Sobre os necessários cuidados com as estatísticas da Justiça vd. SEVERIN, 1999, pp. 281-94.

[306] Os quadros apresentados nesta e nas páginas seguintes foram elaborados tendo por base os dados de: PORTUGAL – *Estatísticas da Justiça.* Lisboa, Ministério da Justiça, GEPMJ, [1985-2002]. Os valores percentuais (e as rácios) foram, por necessária simplificação, arrendondados.

	Número de Magistrados Judiciais	Processos entrados por Magistrado	Número de Advogados inscritos na Ordem	Custo médio do processo (custas, em escudos)	Duração média dos processos findos
1985	851	609	6287	N	17 Meses
1986	876 (+2,9%)	546 (-10,3%)	6729 (+7%)	6648	18
1987	907 (+3,5%)	562 (+2,9%)	7376 (+9,6%)	11999	17
1988	987 (+8,8%)	449 (-20,1%)	6716 (-8,9%)	17117	18
1989	1004 (+1,7%)	502 (+11,8%)	8278 (+23,3%)	18795	18
1990	1199 (+19,4%)	599 (+19,3%)	11319 (+36,7%)	17900	16
1991	1224 (+2,1%)	704 (+17,5%)	9526 (-15,8%)	14079	15
1992	1227 (+0,2%)	798 (+13,4%)	9804 (+2,9%)	19313	14
1993	1280 (+4,3%)	838 (+5%)	12022 (+22,6%)	21509	12
1994	1344 (+5%)	812 (-3,1%)	12581 (+4,6%)	17248	12
1995	1397 (+3,9%)	547 (-32,6%)	14836 (+17,9%)	32654	13
1996	1460 (+4,5%)	546 (-0,2%)	13809 (-6,9%)	34357	13
1997	1515 (+3,8%)	596 (+9,2%)	14462 (+4,7%)	32523	17
1998	1563 (+3,2%)	552 (-7,4%)	16440 (+13,7%)	36038	15
1999	1599 (+2,3%)	533 (-3,4%)	17733 (+7,9%)	33714	17
2000	1624 (+1,6%)	532 (-0,2%)	18629 (+5,1%)	44866	18
2001	1690 (+4,1%)	497 (-6,6%)	18954 (+1,7%)	N	17
2002	1678 (-0,7%)	536 (+7,8%)	18425 (-2,8%)	N	18

Quanto à *taxa de execução* (rácio F/P+E), verifica-se, pela leitura do primeiro quadro da página seguinte, que poucas vezes, nos 15 anos mencionados, esta passou dos 50% (apresentando mesmo, ultimamente, valores inferiores a 40%).

Como resultado, os *backlogs* são crescentes, atingindo ordens de grandeza que a variação anual percentual não traduz na plenitude. A diminuição muito recente (e embora tímida) do número de processos entrados poderá, eventualmente, deixar entrever o já mencionado *mecanismo de estabilização*.[307] Contudo, não será com um abrandamento forçado (em que medida é desejável?) que os problemas de congestionamento da Justiça estarão resolvidos. O elevado número de processos pendentes e a muito fraca *taxa de execução* demonstram a actual incapacidade para resolver, no devido tempo, (e saber quais) as reais necessidades de resolução judicial:

	Total de Processos Pendentes (P)	Total de Processos Entrados (E)	Total de Processos Findos (F)	Rácio F/P+E	Variação anual do *backlog judicial* (= P)
1985	1066795	878825	815352	0,42	----
1986	1080674	801699	1085108	0,58	+1,3%
1987	790098	836398	804819	0,49	-26,9%
1988	699725	561590	579346	0,46	-11,4%
1989	677738	607470	607308	0,47	-3,1%
1990	667222	609827	594103	0,47	-1,6%
1991	627872	723263	709781	0,53	-5,9%
1992	566961	823441	721729	0,52	-9,7%
1993	668446	887368	792612	0,51	+17,9%
1994	731468	889284	961427	0,59	+9,4%
1995	645946	636975	523324	0,41	-11,7%
1996	757432	672701	545064	0,38	+17,3%
1997	892174	754557	583579	0,35	+17,8%
1998	1062355	731057	619529	0,36	+19,1%
1999	1164938	735999	702938	0,37	+9,7%
2000	1187742	727952	698168	0,36	+2%

[307] Resultado, porventura, de morosidade já sinalizada e agora suficientemente desmotivadora.

	Acções Cíveis				
	Processos Pendentes (P)	Processos Entrados (E)	Processos Findos (F)	Rácio F/P+E[308]	Variação anual do *backlog judicial* (= P)
1992	252727	266123	237689	0,46	----
1993	279634	312241	253419	0,43	+10,6%
1994	330788	405034	333068	0,45	+18,3%
1995	402465	368961	288339	0,37	+21,7%
1996	483134	412073	316727	0,35	+20%
1997	587326	485210	340450	0,32	+21,6%
1998	732866	456130	342737	0,29	+24,8%
1999	845132	458187	394764	0,30	+15,3%
2000	904570	450598	422693	0,31	+7%
2001	930139	431887	375048	0,28	+2,8%
2002	981323	476778	415534	0,28	+5,5%

Quanto à utilização das vias negociadas pode constatar-se: o crescente (embora ainda mínimo) recurso a formas alternativas de resolução de litígios (o que pode ser verificado através do número de processos entrados); a muito elevada *taxa de execução*, apesar das oscilações difusas do *backlog* (que se devem, por enquanto, à pequenez da base de cálculo); e a elevada percentagem de processos resolvidos por mediação.

Tudo somado parece demonstrar, claramente, as vantagens da adopção e incentivo das vias negociadas:

[308] As rácios nos processos declarativos e executivos, registaram, neste período (1992 a 2002), uma queda de 0,47 para 0,36, e de 0,44 para 0,22, respectivamente.

	Centros de Arbitragem					
	P	E	F	Mediação	Conciliação	Arbitragem
1996	494	3766	3914	803 (21%)	404 (10%)	423 (9%)
1997	400	4842	4823	845 (18%)	320 (7%)	432 (11%)
1998	431	5364	5408	1033 (19%)	283 (5%)	380 (7%)
1999	415	5736	5562	1030 (19%)	267 (5%)	288 (5%)
2000	589	6672	6384	1361 (21%)	300 (5%)	356 (6%)
2001	880	6908	6962	1564 (22%)	341 (5%)	391 (6%)
2002	806	7412	6994	1583 (23%)	482 (7%)	422 (6%)

	1996	1997	1998	1999	2000	2001	2002
Rácio F/P+E	0,92	0,92	0,93	0,90	0,88	0,89	0,85
Variação anual do *backlog*	----	-19%	+7,8%	-3,7%	+41,9%	+35,8%	-8,4%

Por fim, demonstra-se, nos dois gráficos seguintes, a magnitude do crescimento do número de advogados (em percentagem da população) nos Estados de matriz jurídica anglo-saxónica e continental[309]

[309] Extraídos de: HAU, Harald; THUM, Marcel – "Lawyers, legislation and social welfare", in: *European Journal of Law and Economics*, 9 (3), 2000, pp. 249--250. Certamente abusiva é a conclusão retirada por MURPHY, Kevin M.; SHLEIFER, Andrei; VISHNY, Robert W. – "The allocation of talent: implications for growth", in:

– notando-se o acentuado crescimento norte-americano (onde o "mercado" é menos rígido) e, paradoxalmente, também o crescimento alemão (onde há maior rigidez), embora as escalas de progressão sejam distintas.

Poder-se-á então concluir que o aumento dos níveis de litigância (*causa-efeito* do aumento do *mercado de advogados*) é comum aos diversos sistemas legais[310]; pelo que esse aumento terá a ver, no essencial, com factores *extra-regulamentação profissional* (o que demonstra que nem a regulamentação estrita desse *mercado* tem conseguido ou conseguirá evitar a crescente pressão para a resolução judicial dos conflitos).

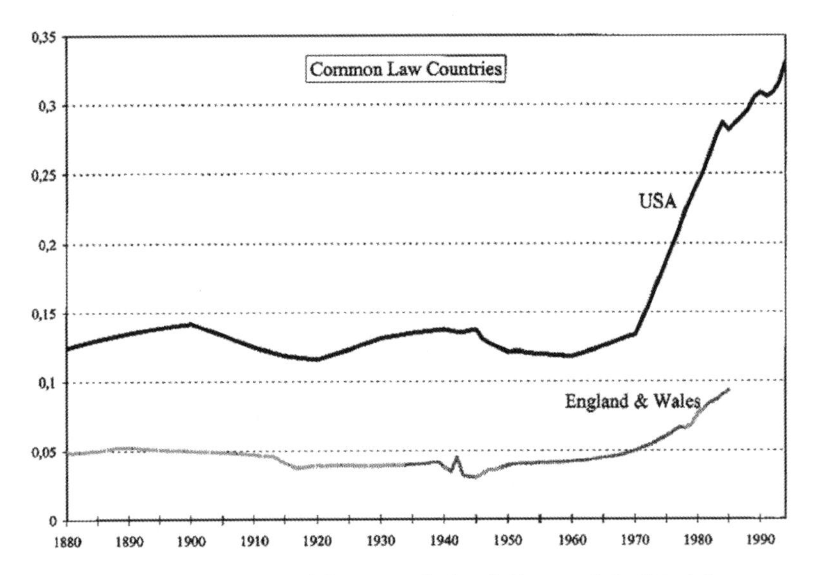

Sources: US Department of Commerce, *Statistical Abstract of the United States*, various issues; US Department of Commerce, *Historical Statistics of the United States*, 1975; Central Statistical Office (UK), *Annual Abstract of Statistics*, various issues; Abel (1988a, pp. 67-73).

The Quaterly Journal of Economics, 106 (2), 1991, pp. 503 e ss., a respeito da influência do número de advogados numa economia, supondo uma correlação negativa entre esse número e o crescimento económico.

[310] Ver também, neste sentido: MARKESINIS, B. S. – "Litigation mania in England, Germany and the USA: are we so different?", in: *Cambridge Law Journal*, 49 (2), 1990, pp. 233 e ss..

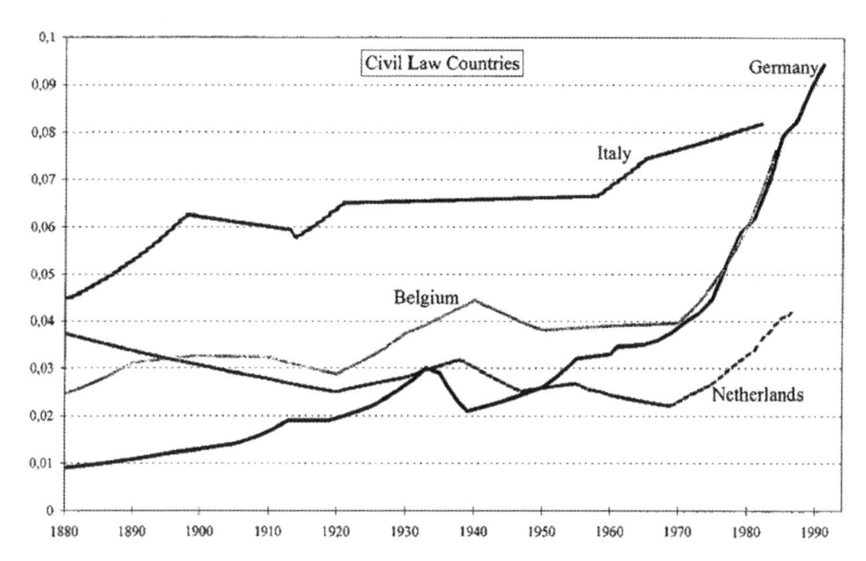

Sources: Olgiati and Pocar (1988, p. 358); Statistisches Bundesamt, *Statistisches Jahrbuch*, various issues; Blankenburg and Schultz (1988, p. 150); Central Bureau of Statistics, *Statistical Yearbook of the Netherlands*, various issues; Schuyt (1988, p. 216); Huyse (1988, p. 249).

VIII
CONSIDERAÇÕES FINAIS

Do trabalho elaborado talvez se possam reter as seguintes considerações, em termos sumários:

1) A realização da Justiça (principalmente cível) faz-se mais com a celebração de acordos livres e responsáveis (necessariamente eficientes) do que com o recurso quase *pavloviano* às instâncias jurisdicionais.[311]
2) Os dois principais modelos explicativos da forma como a negociação e o acordo decorrem e da medida em que este pode falhar, apresentam, em simultâneo, pontos fortes e fracos. Afigura-se necessário amenizar a rigidez de qualquer deles com elementos de índole subjectiva, cultural e social.
3) Os denominados *litigantes frívolos*, provável produto da massificação da judicialização da Justiça, perturbam, com a sua actuação, a eficaz realização da mesma ao fazerem incorrer em *custos inúteis* todos os restantes intervenientes (na obtenção de uma decisão justa ou de um valor aceitável para

---

[311] Se se reparar nas Estatísticas da Justiça nacionais dos últimos 25 anos, ver-se-á, claramente, a ultrapassagem da litigância penal pela litigância cível, por larga margem. Uma ultrapassagem que começou a esboçar-se em meados dos anos 80, e ganhou particular destaque na segunda metade dos anos 90 [note-se, p. ex., que em 1992, do total de processos movimentados (= P + E), 39% eram cíveis e 51% penais; em 2002, os valores eram, respectivamente, de 73% e 19%]. Muitas razões explicariam essa alteração e os actuais níveis de litigância cível – a invocação do argumento do ritmo de desenvolvimento económico não as esgota com certeza.

acordo, na economia de custos processuais, na poupança de tempo, ou na sinalização eficaz). Notou-se, de resto, que um dos objectivos da *litigância frívola* pode passar apenas pela obtenção de um acordo favorável. Na óptica social, a participação deste tipo de *jogadores* é genericamente prejudicial.[312]

4) Também o comportamento do *mercado de advogados* parece poder influir no volume de *litigância frívola* ao permitir, com a redução dos custos de propositura, a entrada de processos sem suficiente sustentação jurídico-processual. Embora possa ter objectivos meritórios, a *rule 11* demonstrou ser incapaz de impedir a *litigância frívola.*
5) Os processos de partilha voluntária de informação fazem-se com resultados aparentemente benéficos para os particulares. O mesmo não parece suceder, de forma tão clara, com a *legal discovery*, dado que esta ocorre, normalmente, num estádio mais avançado do processo, o que radicaliza, na maioria dos casos, o posicionamento das partes. Do ponto de vista do *óptimo social*, os efeitos são contraditórios: por um lado, mais custos administrativos e dependência da estratégia processual das partes; por outro lado, possível revelação de informação socialmente relevante e menor probabilidade de erro judicial.
6) Da análise do conjunto de regras de repartição de custos (*regra americana*, *regra inglesa*, *sist. continental*, *sist. Marshall*, *sist. Quayle*, *sist. Matthew*, *regra pró-queixoso*, *regra pró-infractor*), verifica-se que a proposta, avançada por diversos autores, de mudança da *regra americana* para a *regra inglesa* se afigura ilusória. Globalmente menos apelativos, os sistemas com indeterminação prévia dos custos, podem ser, também, os sistemas que incentivem, de forma mais explícita, a litigância. Estes raciocínios terão contudo que ser sujeitos às *expectativas* dos litigantes (elemento decisivo numa avaliação definitiva).

---

[312] Pelos motivos expostos, talvez se pudesse ainda considerar a apreciação oficiosa do interesse processual – porque, reconhecer-se-á, a responsabilidade pelas custas (sem sequer penalização adicional) não parece ser economicamente mais eficiente que a pronta absolvição da instância.

Verificou-se que a *rule 68* mostra ser eficaz no incentivo à realização de acordos; contudo, parece que o faz à custa dos queixosos (*frívolos* ou não), o que poderá afectar o *óptimo social.*

7) A mediatização processual pode ser aleatória, mas é sempre discricionária e, sobretudo, porque feita por entidades que não estão normalmente legitimadas para tal. A mediatização não é, como às vezes se faz crer, uma consequência inelutável da evolução dos *media* ou da *sociedade livre*; e muito dificilmente pode ser considerada eficiente, em termos económicos, para a *resolução* de processos. As *sanções atípicas*, embora controversas, impõem responsabilidade, são praticáveis e apresentam resultados do ponto de vista social. Têm como inconvenientes (perfectíveis) a difícil determinação e a aplicação necessariamente restritiva. Procurou-se ainda demonstrar o papel do(s) erro(s) na litigância e a necessidade(!) de existência de um "atraso mínimo".
8) O aumento e a melhoria dos recursos (materiais e humanos) aplicados na Justiça é aceitável e economicamente eficiente – mas não qualquer tipo de aumento ou melhoria. Se o aumento servir para solidificar a dependência (*de olhos vendados*) dos cidadãos à via judicial ou para legitimar/credibilizar, mesmo que involuntariamente, o seu recurso *desmesurado* aos Tribunais Judiciais, então melhor seria que se forçasse a litigância criteriosa com a escassa resposta dos mesmos (o que aliás está a começar a ser feito, involuntariamente, em muitos Estados, por causa do crescente *backlog* judicial). Se o aumento não tiver as motivações já mencionadas, destinar-se-á, como é obrigação de qualquer Estado, a dar melhor Justiça (mas apenas) a quem dela necessita.
9) Parece poder concluir-se pela existência de uma sólida correlação positiva entre o estádio de desenvolvimento económico e o volume de litigância. Tal correlação é verificável, quer estejam em causa Estados *desenvolvidos* ou Estados *em vias de desenvolvimento*, não se vislumbrando, pelo menos por enquanto, um qualquer efeito de travagem na litigância (que

supostamente decorreria da *paz social* proporcionada por elevados níveis de rendimento *per capita*). A justificação para tal facto parece advir: 1) da maior capacidade económica média, com certeza; 2) da maior consciencialização dos direitos; mas também 3) da *sacralização* das capacidades dos Tribunais Judiciais como entidades únicas (ou quase) para a realização da Justiça.

10) Quanto à influência dos níveis de litigância no estádio de desenvolvimento económico, esta é mais controversa porque menos perceptível. Embora certos estudos apontem para a desmotivação dos agentes económicos (que se traduz, p. ex., em quebra de negócios ou falta de confiança do investimento, nacional ou estrangeiro) perante um funcionamento (em muitas áreas) ineficiente do *aparelho judicial*, o peso específico que a litigância tem no todo de uma economia não parece permitir grandes dramatizações.

Espera-se, por fim, que os bons esforços de simplificação e rapidez processual afastem aquele persistente *paradigma de justiça* que Mr. John Jarndyce (do excelso *Bleak House*) retratava em tom mordaz[313] – até porque, actualmente, se assiste a uma maior abertura relativamente aos contributos que a moderna ciência económica tem trazido, nesta área específica, para o Direito.

[313] "[...] Equity sends questions to Law, Law sends questions back to Equity; Law finds it can't do this, Equity finds it can't do that; neither can so much as say it can't do anything, without this solicitor instructing and this counsel appearing for A, and that solicitor instructing and that counsel appearing for B; and so on through the whole alphabet, like the history of the Apple Pie. And thus, through years and years, and lives and lives, everything goes on, constantly beginning over and over again, and nothing ever ends. And we can't get out of the suit on any terms, for we are made parties to it, and must be parties to it, whether we like it or not. But it won't do to think of it!": DICKENS, Charles – *Bleak House*. London, Bradbury and Evans, 1853, chp. VIII.

BIBLIOGRAFIA GERAL

ADELSTEIN, Richard; MICELI, Thomas J. – "Towards a comparative economics of plea bargaining", in: *European Journal of Law and Economics*, 11 (1), January 2001, pp. 47-67.

ADLER, Matthew D.; POSNER, Eric A. – "Rethinking cost-benefit analysis", in: *Yale Law Journal*, 109 (2), November 1999, pp. 165-247.

ALDERMAN, Richard M. – "Pre-dispute mandatory arbitration in consumer contracts: a call for reform", in: *Houston Law Review*, 38 (4), Winter 2001, pp. 1237--1268.

ANCEL, Pascal; COTTIN, Marianne – "Le coût de la durée du procès pour les parties: les intérêts de retard dans le procès civil", in: *Revue Internationale de Droit Economique*, t. XIII, 2, 1999, pp. 239-252.

AOKI, Reiko; HU, Jin-Li – "Allocation of legal costs and patent litigation: a cooperative game approach". N.Y. / Tamkang [Taiwan], Department of Economics (State University of New York), Department of Industrial Economics (Tamkang University), *paper*, August 1996, 36 p..

AOKI, Reiko; HU, Jin-Li – "Licensing vs. litigation: effect of the legal system on incentives to innovate". N.Y. / Tamkang [Taiwan], Department of Economics (State University of New York), Department of Industrial Economics (Tamkang University), *paper*, May 1996, 25 p. [= *Journal of Economics & Management Strategy*, 8 (1), 1999, pp. 133-160].

ASHENFELTER, Orley; CURRIE, Janet; FARBER, Henry S.; SPIEGEL, Matthew – "An experimental comparison of dispute rates in alternative arbitration systems". Princeton, Princeton University, Working Paper no. 267, July 1990, 39 p. [= *Econometrica*, 60 (6), 1992, pp. 1407-1433].

ASHENFELTER, Orley; CURRIE, Janet; SPIEGEL, Matthew – "An experimental comparison of alternative arbitration systems". L.A., UCLA Department of Economics, Working Paper no. 563, May 1989, 47 p..

BACHMEIER, Lance J.; GAUGHAN, Patrick; SWANSON, Norman R. – "The volume of federal litigation and the macroeconomy". Greenville, East Carolina University, Department of Economics, Working Paper no. 0209, November 2002, 22 p..

BACKHAUS, Jürgen G. – "Towards an ideal economic analysis of a legal problem". In: BACKHAUS, Jürgen G. (ed.) – *The Elgar Companion to Law and Economics*. Cheltenham, Edward Elgar, 1998, pp. 271-278.

BAR-GILL, Oren – "The success and survival of cautious optimism: legal rules and endogenous perceptions in pre-trial settlement negotiations". Harvard, Harvard Law School, Working Paper no. 35 [= John M. Olin Center for Law, Economics, and Business, Discussion Paper no. 375], May 2002, 54 p..

BAR-GILL, Oren; HAREL, Alon – "Crime rates and expected sanctions: the economics of deterrence revisited", in: *Journal of Legal Studies*, 30 (2), June 2001, pp. 485-501.

BARRÈRE, Christian – "Les approches économiques du système judiciaire", in: *Revue Internationale de Droit Economique*, t. XIII, 2, 1999, pp. 153-183.

BARROS, Carlos – "Advogados, legislação e litigação nos tribunais portugueses", in: *Galileu, Revista de Direito e Economia*, vol. III, n.° 1, 1998, pp. 87--94.

BARROS, Carlos Pestana – "Direito e economia: uma síntese da literatura", in: *Galileu, Revista de Direito e Economia*, vol. IV, n.° 1, 1999, pp. 37-46.

BAYE, Michael R.; KOVENOCK, Dan; VRIES, Casper G. de – "Comparative analysis of litigation systems: an auction-theoretic approach". Munich, CESifo Working Paper Series, Working Paper no. 373, November 2000, 38 p..

BEBCHUK, L. Arye – "A new theory concerning the credibility and sucess of threats to sue", in: *Journal of Legal Studies*, 25 (1), January 1996, pp. 1-25.

BEBCHUK, Lucian Arye – "Litigation and settlement under imperfect information", in: *Rand Journal of Economics*, 15 (3), Autumn 1984, pp. 404-415.

BEBCHUK, Lucian Arye – "Suing solely to extract a settlement offer", in: *Journal of Legal Studies*, 17 (2), June 1988, pp. 437-450.

BEBCHUK, Lucian Arye – "Suits with negative expected value". In: NEWMAN, Peter (ed.) – *The New Palgrave Dictionary of Economics and the Law*. London, MacMillan Reference Limited, vol. 3, 1998, pp. 551-554.

BEBCHUK, Lucian Arye; CHANG, Howard F. – "An analysis of fee shifting based on the margin of victory: on frivolous suits, meritorious suits, and the role of rule 11", in: *Journal of Legal Studies*, 25 (2), June 1996, pp. 371-403.

BEBCHUK, Lucian Arye; CHANG, Howard F. – "The effect of offer-of-settlement rules on the terms of settlement". In: John M. Olin Program in Law and Economics, Working Paper no. 164, August 1998, 23 p. [= *Journal of Legal Studies*, 28 (2), 1999, pp. 489-513].

BEBCHUK, Lucian Arye; GUZMAN, Andrew T. – "How would you like to pay for that? The strategic effects of fee arrangements on settlement terms", in: *Harvard Negotiation Law Review*, 1 (1), Spring 1996, pp. 53-63.

BENSON, Bruce L. – "Arbitration". In: BOUCKAERT, Boudewijn; DE GEEST, Gerrit (eds.) – *Encyclopedia of Law and Economics. Volume V. The Economics of Crime and Litigation*. Cheltenham, Edward Elgar, 2000, pp. 159-193.

BENSON, Bruce L. – "To arbitrate or to litigate: that is the question", in: *European Journal of Law and Economics*, 8 (2), September 1999, pp. 91-151.

BERNARDO, Antonio E.; TALLEY, Eric; WELCH, Ivo – "A theory of legal presumptions", in: *Journal of Law, Economics, & Organization*, 16 (1), 2000, pp. 1-49.

BERNARDO, Antonio; TALLEY, Eric – "A note on presumptions with sequential litigation". L.A., University of Southern California, Law School, Olin Working Paper no. 99-9, June 1999, 25 p..

BESHAROV, Gregory – "Three questions about the economics of relative position: a response to Frank and Sunstein". Washington, AEI-Brookings Joint Center for Regulatory Studies, Working Paper 01-08, June 2001, 22 p..

BLOCK, Michael K.; PARKER, Jeffrey S.; VYBORNA, Olga; DUSEK, Libor – "An experimental comparison of adversarial versus inquisitorial procedural regimes", in: *American Law and Economics Review*, 2 (1), 2000, pp. 170-194.

BOTELHO, Anabela – "Stategic behaviour at trial. The production, reporting, and evaluation of complex evidence". Braga, Universidade do Minho, Núcleo de Investigação em Microeconomia Aplicada, Working Paper no. 14, 2001, 26 p..

BOUCKAERT, Boudewijn; SCHÄFER, Hans-Bernd – "Mistake of law and the economics of legal information". In: BOUCKAERT, Boudewijn; DE GEEST, Gerrit (eds.) – *Essays in Law & Economics II: Contract Law, Regulation, and Reflections on Law & Economics*. Antwerpen, Maklu, 1995, pp. 217-245.

BUSCAGLIA, Edgardo – "Judicial corruption in developing countries: its causes and economic consequences". Berkeley, University of California, Berkeley Olin Program in Law & Economics, Working Paper no. 28, 1999, 33 p. [= *International Review of Law and Economics*, 21 (2), June 2001, pp. 233-249].

BUSCAGLIA, Edgardo; DAKOLIAS, Maria – *Comparative International Study of Court Performance Indicators. A Descriptive and Analytical Account.* Washington, The World Bank, 1999.

BUSCH, Lutz-Alexander; HORSTMANN, Ignatius J. – "Bargaining frictions, bargaining procedures and implied costs in multiple-issue bargaining", in: *Economica*, 64 (256), November 1997, pp. 669-680.

CABRAL, Célia da Costa; PINHEIRO, Armando Castelar – *A Justiça e seu Impacte sobre as Empresas Portuguesas*. Coimbra, Coimbra Editora, 2003.

CAMERER, Colin F. – "Progress in behavioral game theory", in: *Journal of Economic Perspectives*, 11 (4), Fall 1997, pp. 167-188.

CARRINGTON, Paul D. – "Virtual civil litigation: a visit to John Bunyan's celestial city", in: *Columbia Law Review*, 98 (6), Oct. 1998, pp. 1516-1537.

CASAGRANDE, Alberto; SPALLONE, Marco – "Why is pretrial settlement so unpopular in Italy?". Roma, Ente per gli studi monetari, bancari e finanziari Luigi Einaudi, *paper*, November 2002, 9 p..

CHANG, Howard F.; SIGMAN, Hilary – "Incentives to settle under joint and several liability: an empirical analysis of Superfund litigation". Pennsylvania, ILE, March 1999, 40 p. [= *Journal of Legal Studies*, 2000, 29 (1), pp. 205-236].

CHAPPE, Nathalie – "Arbitration and incentives: how to preclude the chilling effect?", in: *European Journal of Law and Economics*, 14 (1), July 2002 (a), pp. 39-45.

CHAPPE, Nathalie – "The informational role of the arbitration clause", in: *European Journal of Law and Economics*, 13 (1), Jan. 2002 (b), pp. 27-34.

CHARNESS, Gary; GAROUPA, Nuno – "Reputation and honesty in a market for information". Barcelona, *paper*, Sept. 1998, 35 p..

CHOI, Albert – "Allocating settlement authority under contingent fee arrangement". Virginia, Univ. of Virginia, Department of Economics, *paper*, April 2002, 26 p. [= *Cornell Law Review*, 88, 2002, pp. 119-154].

CHOI, Albert; SANCHIRICO, Chris William – "Should plaintiffs win what defendants lose?: litigation stakes, litigation effort, and the benefits of «decoupling»". Virginia, University of Virginia Law School, Working Paper no. 02-01, Febr. 2002, 44 p..

CLEMENZ, Gerhard; GUGLER, Klaus – "Macroeconomic development and civil litigation", in: *European Journal of Law and Economics*, 9 (3), May 2000, pp. 215-230.

CLERMONT, Kevin M.; EISENBERG, Theodore – "Litigation realities". Ithaca (NY), Cornell Law School, *paper*, Jan. 2002, 30 p. [= *Journal of Legal Studies*, 23 (2), 2003, pp. 585-610].

COCHINARD, Sébastien – "L'évolution du concept de coalition en théorie des jeux", in: *Revue d'Économie Politique*, 105e Année, n.º 4, Juillet-Août 1995, pp. 633-655.

COLOMA, Germán – *Análisis Económico del Derecho Privado y Regulatorio*. Buenos Aires, Ciudad Argentina, 2001.

CONLISK, John – "Why bounded rationality?", in: *Journal of Economic Literature*, 34 (2), June 1996, pp. 669-700.

COOTER, Robert – "Do good laws make good citizens? An economic analysis of internalising legal values". Berkeley, University of California, Berkeley Olin Program in Law & Economics, Working Paper no. 39, 2000, 35 p. [= *Virginia Law Review*, 86 (8), 2000, pp. 1577-1601].

COOTER, Robert – "Expressive law and economics". Berkeley, University of California, Working Paper no. 38, Jan. 1998, 32 p. [= *Journal of Legal Studies*, 28 (2), 1998, pp. 585-608].

COOTER, Robert D. – *The Strategic Constitution*. Princeton, PUP, 2000.

COOTER, Robert D.; PORAT, Ariel – "Does risk to oneself increase the care owed to others? Law and economics in conflict". Berkeley, University of California, Berkeley Olin Program in Law & Economics, Working Paper no. 9, 2000, 21 p. [= *Journal of Legal Studies*, 29 (1), 2000, pp. 19-34].

COOTER, Robert D.; PORAT, Ariel – "Should courts deduct non-legal sanctions from damages?". In: U. C. Berkeley, Law and Economics, Working Paper no. 2000--21, Dec. 2000, 29 p. [= *Journal of Legal Studies*, 30 (1), 2001, pp. 401-422].

COOTER, Robert D.; RUBINFELD, Daniel L. – "Economic analysis of legal disputes and their resolution". In: POSNER, Richard A.; PARISI, Francesco (eds.) – *Law and Economics. Volume 1*. Cheltenham, Edward Elgar, 1997, pp. 238-268.

COOTER, Robert; ULEN, Thomas – *Law and Economics*. N.Y., HarperCollins, 1988.

COOTER, Robert; ULEN, Thomas – *Law and Economics*. Reading, Mass., Second Edition [*reprint* da ed. 1997], 1998.

COUGHLAN, Peter J.; PLOTT, Charles R. – "An experimental analysis of the structure of legal fees: american rule vs. english rule". Pasadena, California Institute of Technology, Working Paper no. 1025, 1997, 36 p. + 19 figs. + Appendix.

COULON, Jean-Marie – "Réflexions sur la durée de la justice et le temps économique", in: *Revue Internationale de Droit Economique*, t. XIII, 2, 1999, pp. 235-238.

CRASWELL, Richard – "Kaplow and Shavell on the content of fairness". Berkeley, University of California, Working Paper no. 68, 2002, 42 p. [= *Journal of Legal Studies*, 32 (1), Jan. 2003, pp. 245-276].

CROWNE, Caroline Harris – "The alternative dispute resolution act of 1998: implementing a new paradigm of justice", in: *New York University Law Review*, 76 (6), Dec. 2001, pp. 1768-1811.

CUMMING, Douglas J. – "Settlement disputes: evidence from a legal practice perspective". Alberta [Canadá], University of Alberta, Department of Finance and Department of Business Economics & Law, Oct. 2000, 43 p. [= *European Journal of Law and Economics*, 11 (3), May 2001, pp. 249-280].

DAUGHETY, Andrew F. – "Settlement". In: BOUCKAERT, Boudewijn; DE GEEST, Gerrit (eds.) – *Encyclopedia of Law and Economics. Volume V. The Economics of Crime and Litigation*. Cheltenham, Edward Elgar, 2000 (a), pp. 95-158.

DAUGHETY, Andrew F. – "On the economics of trials: adversarial process, evidence, and equilibrium bias", in: *Journal of Law, Economics, & Organization*, 16 (2), 2000 (b), pp. 365-394.

DAUGHETY, Andrew F.; REINGANUM, Jennifer F. – "Keeping society in the dark: on the admissibility of pretrial negotiations as evidence in court". Iowa, Working Paper, Febr. 1994, 27 p. [= *Rand Journal of Economics*, 26 (2), Summer 1995, pp. 203-221].

DAUGHETY, Andrew F.; REINGANUM, Jennifer F. – "Settlement negotiations with two-sided asymmetric information: model duality, information distribution and efficiency". Iowa, Working Paper, March 1994, 29 p. [= *International Review of Law and Economics*, 14 (3), September 1994, pp. 283-298].

DAUGHETY, Andrew F.; REINGANUM, Jennifer F. – "Found money? Split-award statutes and settlement of punitive damages cases", in: *American Law and Economics Review*, 5 (1), 2003, pp. 134-164.

DE GEEST, Gerrit – "Comment: game theory versus law and economics?". In: BOUCKAERT, B.; DE GEEST, G. (ed.) – *Essays in Law and Economics. Vol. II. Contract Law, Regulation, and Reflections on Law and Economics*. Antwerpen, Maklu, 1995, pp. 287-293.

DEFFAINS, Bruno; DUBAN, Myriam Doriat – "Équilibre et régulation du marché de la justice: délais versus prix", in: *Revue Économique*, 52 (5), 2001, pp. 949-974.

DEFFAINS, Bruno; SPIER, Katheryn – "The dynamics of pretrial negotiation in France: is there a deadline effect in the french legal system?", in: *International Review of Law and Economics*, 19 (4), 1999, pp. 447-470.

DELOCHE, Régis – "Transaction, jugement et théorie des jeux: evaluation et application", in: *Revue Économique*, 52 (5), Septembre 2001, pp. 975-991.

DEMOUGIN, Dominique; FLUET, Claude – "Preponderance of evidence: tort rules and the efficient stardard of proof". Montréal, Université du Québec, CREFÉ, Working Paper no. 120, July 2000, 18 p..

DEMOUGIN, Dominique; PALLAGE, Stéphane – "Limiting court behavior: a case for high minimum sentences and low maximum ones". Montréal, Université du Québec, CREFÉ, Working Paper no. 101, Jan. 2000, 15 p..

DIAS, João Álvaro – *Resolução Extrajudicial de Litígios*. Coimbra, Almedina, 2002.

DIAS, João Álvaro (coord.) – *Os Custos da Justiça*. Coimbra, Almedina, 2003.

DICKINSON, David L. – "Expectations and their effects in comparative arbitration institutions". Logan, Utah State University, Preliminary Draft, 2003, 25 p..

DIMAND, Robert W.; DIMAND, Mary Ann – "Von Neumann et Morgenstern dans le contexte historique", in: *Revue d'Économie Politique*, 105e Année, n.º 4, Juillet-Août 1995, pp. 539-557.

DORIAT-DUBAN, Myriam – "Analyse économique de l'accès à la justice: les effets de l'aide jurisdictionnelle", in: *Revue Internationale de Droit Economique*, t. XV, 1, 2001, pp. 77-100.

EISENBERG, Theodore; FARBER, Henry S. – "The government as litigant: further tests of the case selection model", in: *American Law and Economics Review*, 5 (1), Spring 2003, pp. 94-133.

EISENBERG, Theodore; FARBER, Henry S. – "The litigious plaintiff hypothesis: case selection and resolution". Cambridge (MA), NBER Working Paper Series, Working Paper 5649, July 1996, 34 p. [= *Rand Journal of Economics*, 28 (0), 1997, pp. s92-s112].

EISENBERG, Theodore; LAFOUNTAIN, Neil; OSTROM, Brian; ROTTMAN, David; WELLS, Martin T. – "Juries, judges, and punitive damages: an empirical study". S/ind.loc., Draft [com o apoio do NCSC e BJS], Nov. 2000, 37 p. [= *Cornell Law Review*, 87 (3), 2002, pp. 743-782].

ELY, Jeffrey; FUDENBERG, Drew; LEVINE, David K. – "When is reputation bad?". Evanston, Northwestern University, Center for Mathematical Studies in Economics and Management Science, *paper*, Sept. 2002, 49 p..

EMONS, Winand – "Expertise, contingent fees, and insufficient attorney effort", in: *International Review of Law and Economics*, 20 (1), March 2000, pp. 21--33.

FACCHINI, François – "Les effets sur les décisions de justice de l'irréductibilité du devoir au principe d'optimisation", in: *Revue Internationale de Droit Economique*, t. XIII, 2, 1999, pp. 207-221.

FARBER, Henry S.; BAZERMAN, Max H. – "The general basis of arbitrator behaviour: an empirical analysis of conventional and final-offer arbitration", in: *Econometrica*, 54 (6), 1986, pp. 1503-1528.

FARBER, Henry S.; BAZERMAN, Max H. – "Why is there disagreement in bargaining?", in: *American Economic Review*, 77 (2), May 1987, pp. 347-352.

FARMER, Amy; PECORINO, Paul – "Bargaining with voluntary transmition of private information: does the use of final offer arbitration impede settlement?". Arkansas/Alabama, Working Paper, July 2000, 28 p. [= *Journal of Law, Economics, & Organization*, 19 (1), April 2003, pp. 64-82].

FARMER, Amy; PECORINO, Paul – "Pretrial settlement with contingency fees". Alabama, University of Alabama, Working Paper no. 02-06-02, 2002, 29 p..

FARMER, Amy; PECORINO, Paul – "Pretrial settlement with fairness". Arkansas/ Alabama, *paper*, October 2000, 14 p..

FARMER, Amy; PECORINO, Paul – "Pretrial signaling with negative expected value suits". Alabama, University of Alabama, Working Paper no. 02-07-01, July 2002, 22 p..

FARNSWORTH, Ward – "Do parties to nuisance cases bargain after judgment? A glimpse inside the cathedral". In: SUNSTEIN, Cass R. (ed.) – *Behavioral Law & Economics*. Cambridge, Cambridge University Press, 2000, pp. 302-321.

FAURE, Michael – "A selection of empirical socio-economic research with respect to the functioning of legal rules and institutions in Belgium and the Netherlands", in: *European Journal of Law and Economics*, 11 (3), May 2001, pp. 207-248.

FERRARI, Vincenzo – "«I tempi» della Giustizia e la professione forense", in: *Studi Economico-Giuridici*, vol. XLIX, Tomo 1.°, 1978-1979, pp. 37-57.

FON, Vincy; PARISI, Francesco – "Litigation and the evolution of legal remedies: a dynamic model". Arlington, George Mason University, Law & Economics Working Paper no. 02-17, 2002, 18 p..

FRANK, Robert H.; SUNSTEIN, Cass R. – "Cost-benefit analysis and relative position". In: John M. Olin Law & Economics Working Paper no. 102, Aug. 2000, 36 p. [= *Chicago Law Review*, 68 (2), Spring 2001, pp. 323 e ss.].

FRIEDMAN, David – "Law and economics." In: EATWELL, J.; MILGATE, Murray; NEWMAN, Peter – *The New Palgrave. Dictionary of Economics*. London, MacMillan Press Limited, vol. 3, 1988 [*reprint* da ed. 1987], pp. 144-148.

FRIEDMAN, David D. – *Law's Order. What Economics has to do with Law and why it matters*. Princeton, Princeton University Press, 2000, pp. 84-94 [*Chapter* 8].

FRISON-ROCHE, Marie-Anne – "Le paramètre de la matière litigieuse dans l'analyse économique de la justice", in: *Revue Internationale de Droit Economique*, t. XIII, 2, 1999, pp. 223-234.

FUNKEN, Katja – "Court-connected mediation in Japan and Germany". München, Juristische Fakultät der Ludwig-Maximilians-Universität München, *paper*, 2001, 34 p. [= *German Law Journal*, 3 (2), Febr. 2002, s/ind.p.].

FUNKEN, Katja – "The pros and cons of *Getting to Yes*. Shortcomings and limitations of principled bargaining in negotiation and mediation". München, *Zeitschrift für Konfliktmanagement*, 2002, 23 p..

GAROUPA, Nuno – "Optimal magnitude and probability of fines", in: *European Economic Review*, 45 (9), Oct. 2001, pp. 1765-1771.

GAROUPA, Nuno – "Optimal law enforcement and imperfect information when wealth varies among individuals", in: *Economica*, 65 (260), Nov. 1998, pp. 479-490.

GAROUPA, Nuno; GÓMEZ-POMAR, Fernando – "Cashing by the hour: why large law firms prefer hourly fees over contingent fees". Barcelona, July 2002, 18 p..

GAROUPA, Nuno; GRAVELLE, Hugh – "Does efficient deterrence require that the wealthy should be able to buy justice?". Heslington, University of York, Discussion Paper no. 2000-07, 2000, 16 p..

GAROUPA, Nuno; JELLAL, Mohamed – "A note on optimal law enforcement under asymmetric information", in: *European Journal of Law and Economics*, 14 (1), July 2002, pp. 5-13.

GILIN, Debra A.; PAESE, Paul W. – "Mediation as persuasion: central route attribution change as a conflict resolution technique". St. Louis, University of Missouri, *paper*, s/d., 30 p..

GILSON, Ronald J.; MNOOKIN, Robert H. – "Disputing through agents: cooperation and conflict between lawyers in litigation", in: *Columbia Law Review*, 94 (2), March 1994, pp. 509-549.

GORDON, Richard L. – "Law and macroeconomics". In: BOUCKAERT, Boudewijn; DE GEEST, Gerrit (eds.) – *Encyclopedia of Law and Economics. Volume V. The Economics of Crime and Litigation.* Cheltenham, Edward Elgar, 2000, pp. 660-693.

GRIFFITHS, John – "Normative and rational choice accounts of human social behaviour", in: *European Journal of Law and Economics*, 2 (4), Dec. 1995, pp. 285-299.

HADFIELD, Gillian K. – "The price of law: how the market for laywers distorts the justice system". Toronto, Columbia Law School (Working Paper no. 157) e Stanford Law School (Working Paper no. 185), October 1999, 84 p. [= *Michigan Law Review*, 98 (4), 2000, pp. 953-1006].

HAREL, Alon; SEGAL, Uzi – "Criminal law and behavioral law and economics: observations on the neglected role of uncertainty in deterring crime". Berkeley, University of California, Berkeley Olin Program in Law & Economics, Working Paper no. 15, 1999, 55 p. [= *American Law and Economics Review*, 1 (1/2), 1999, pp. 276-312].

HARNAY, Sophie; VIGOUROUX, Isabelle – "L'indépendance du juge: qualité de la décision judiciaire en présence d'asymétries informationnelles", in: *Revue Internationale de Droit Economique*, t. XIII, 2, 1999, pp. 185-205.

HASTIE, Reid; SCHKADE, David A.; PAYNE, John W. – "Do plaintiffs' requests and plaintiffs' identities matter?". In: AA.VV. – *Punitive Damages*. Chicago, The University of Chicago Press, 2002, pp. 62-74.

HAY, Bruce L.; SPIER, Katheryn E. – "Settlement of litigation". In: NEWMAN, Peter – *The New Palgrave Dictionary of Economics and the Law*. London, MacMillan Reference Limited, vol. 3, 1998, pp. 443-451.

HEATON, J. B. – "Settlement pressure". Illinois, Draft, February 2002, 41 p. [= *Journal of Risk Finance*, 4 (3), 2003, pp. 75-81].

HENDERSON, John; PALMER, John P. – "Does more deterrence require more punishment? [or should the punishment fit the crime?]", in: *European Journal of Law and Economics*, 13 (2), March 2002, pp. 143-156.

HIRSHLEIFER, Jack; OSBORNE, Evan – "Truth and the legal battle". L.A., University of California, Department of Economics, Working Paper no. 790, July 1999, 28 p..

HYDE, C. E.; WILLIAMS, Philip L. – "Necessary costs and expenditure incentives under the english rule", in: *International Review of Law and Economics*, 22 (2) August 2002, pp. 133-152.

HYLTON, Keith N. – "An asymmetric information model of litigation". In: The Boston University School of Law, Working Paper Series, Law and Economics. Boston (MA), Working Paper no. 00-03, 2000 (a), 40 p. [= *International Review of Law and Economics*, 22 (2), August 2002, pp. 153 e ss.].

HYLTON, Keith N. – "Welfare implications of costly litigation under strict liability". In: The Boston University School of Law, Working Paper Series, Law and Economics. Boston (MA), Working Paper no. 99-13, April 2000 (b), 35 p. [= *American Law and Economics Review*, 4 (1), Spring 2002, pp. 18-43].

HYLTON, Keith N.; DRAHOZAL, Christopher R. – "The economics of litigation and arbitration: an application to franchise contracts". In: The Boston University School of Law, Working Paper no. 01-03, April 2001, 35 p. [= *Journal of Legal Studies*, 32 (2), 2003, pp. 549-584].

ISSACHAROFF, Samuel – "The content of our casebooks: why do cases get litigated". N.Y., Columbia Law School, The Center for Law and Economic Studies, Working Paper no. 196, Jan. 2002, 27 p. [= *FSU Law Review*, 29 (4), 2002, pp. 1265-1287].

JARQUE, Xavier; PONSATÍ, Clara; SAKOVICS, József – "Mediation: incomplete information bargaining with filtered communication". Edinburgh, University of Edinburgh, Department of Economics, Discussion Paper no. 01-04, 2001, 34 p..

JOHNSTON, Jason; WALDFOGEL, Joel – "Does repeat play elicit cooperation? Evidence from federal civil litigation". Pennsylvania, Preliminary Draft, March 1994, 21 p. [= *Journal of Legal Studies*, 31 (1), 2002, pp. 39-60].

JOLLS, Christine; SUNSTEIN, Cass R.; THALER, Richard – "A behavioral approach to law and economics". Chicago, University of Chicago, Law & Economics Working Paper no. 55 [2d *Series*], 1998, 94 p. [= *Stanford Law Review*, 50, 1998, pp. 1471-1550].

KAPLOW, L.; SHAVELL, S. – *Fairness versus Welfare*. Cambridge, Massachussets, Harvard University Press, 2002.

KAPLOW, Louis; SHAVELL, Steven – *Economic Analysis of Law*. Harvard, Harvard Law School and National Bureau of Economic Research, *survey*, 1999, 96 p..

KARSCHAU, Michael – "Alternative dispute resolution outside arbitration". Kiel, Faculty of Law, Seminar in Comparative Law – National and International Commercial Arbitration, *paper*, 2002, 20 p..

KATZ, Avery Wiener – "Indemnity of legal fees". In: BOUCKAERT, Boudewijn; DE GEEST, Gerrit (eds.) – *Encyclopedia of Law and Economics. Volume V. The Economics of Crime and Litigation*. Cheltenham, Edward Elgar, 2000, pp. 63-94.

KATZ, Avery Wiener (ed.) – *Foundations of the Economic Approach to Law*. N.Y., Oxford University Press, 1998.

KENNAN, John; WILSON, Robert – "Bargaining with private information", in: *Journal of Economic Literature*, 31 (1), 1993, pp. 45-104.

KERKMEESTER, Heico – "Game theory as a method in law and economics". In: BOUCKAERT, B.; DE GEEST, G. (ed.) – *Essays in Law and Economics. Vol. II. Contract Law, Regulation, and Reflections on Law and Economics*. Antwerpen, Maklu, 1995, pp. 267-285.

KHANNA, V. S. – "How does double jeopardy help defendants?". Harvard, Draft, February 2001, 71 p..

KIM, Iljoong; KIM, Jaehong – "Lawsuit as a signaling game under asymmetric information: a continuum types model". Seoul / Pohang, *paper*, December 2000, 24 p..

KIM, Jeong-Yoo; RYU, Keunkwan – "Sanctions in pre-trial discovery", in: *European Journal of Law and Economics*, 14 (1), July 2002, pp. 45-60.

KIRAT, Thierry – "Économie et droit: de l'analyse économique du droit à de nouvelles alliances?", in: *Revue Économique*, 49 (4), Juillet 1998, pp. 1057-1087.

KIRSTEIN, Roland; RICKMAN, Neil – "FORIS contracts: litigation cost shifting and contingent fees in Germany". Saarbrücken, Center for the Study of Law and Economics, Discussion Paper 2001-04, 2001, 19 p..

KLEIN, Benjamin; MURPHY, Kevin M.; PRIEST, George L. – "Litigation v. settlement: a theory of the selection of tried disputes". L.A., University of California, UCLA Department of Economics, Working Paper no. 197, February 1981, 45 p. + Appendix.

KLEMENT, Alon – "Threats to sue and cost divisibility under asymmetric information". Cambridge, John M. Olin Center for Law, Economics, and Business, Discussion Paper no. 273, November 1999, 43 p..

KLERMAN, Daniel – "The selection of thirteenth-century criminal disputes for litigation". L.A., USC Law School, 2.nd Draft, July 2000, 48 p..

KOBAYASHI, Bruce H.; PARKER, Jeffrey S. – "Civil procedure: general". In: BOUCKAERT, Boudewijn; DE GEEST, Gerrit (eds.) – *Encyclopedia of Law and Economics. Volume V. The Economics of Crime and Litigation*. Cheltenham, Edward Elgar, 2000, pp. 1-26.

KORNHAUSER, Lewis A. – "Judicial organization and administration". In: BOUCKAERT, Boudewijn; DE GEEST, Gerrit (eds.) – *Encyclopedia of Law and Economics. Volume V. The Economics of Crime and Litigation*. Cheltenham, Edward Elgar, 2000, pp. 27-44.

KOROBKIN, Russell – "Aspirations and settlement". L.A., University of California School of Law, Research Paper Series, Research Paper no. 02-09, 2002, 56 p. [= *Cornell Law Review*, 88 (1), Nov. 2002, pp. 1-61].

KOROBKIN, Russell B. – "Behavioral analysis and legal form: rules vs. standards revisited", in: *Oregon Law Review*, 79 (1), Spring 2000, pp. 23-59.

KRITZER, Herbert M. – "Lawyer fees and lawyer behaviour in litigation: what does the empirical literature really say?". Madison, University of Wisconsin, *paper*, Dec. 2001, 42 p..

KRITZER, Herbert M. – "Litigation". In: BALTES, Paul B.; SMELSER, Neil J. (eds.) – *International Encyclopedia of the Social and Behavioral Sciences*, vol. 13, 2001, pp. 8989-8995.

KRITZER, Herbert M.; KRISHNAN, Jayanth K. – "Lawyers seeking clients, clients seeking lawyers: sources of contingency fee cases and their implications for case handling", in: *Law & Policy*, 21 (4), Oct. 1999, pp. 347-375.

LANDES, William M. – "An economic analysis of the courts". In: POSNER, Richard A.; PARISI, Francesco (eds.) – *Law and Economics. Volume 1*. Cheltenham, Edward Elgar Publishing Limited, 1997, pp. 61-107.

LANDES, William M. – "Sequential versus unitary trials: an economic analysis", in: *Jounal of Legal Studies*, 22 (1), 1993, pp. 99-134 [= John M. Olin Law & Economics Working Paper no. 8, July 1992, 32 p.].

LANDES, William M.; POSNER, Richard A. – "The influence of economics on law: a quantitative study". Chicago, University of Chicago Law and Economics Working Paper no. 9, August 1992, 52 p. [= *Journal of Law & Economics*, 36 (1-2), 1993, pp. 385-424].

LEDERMAN, Leandra – "Precedent lost: encourage settlement, and why permit non-party involvement in settlements?". Arlington, George Mason University, Law & Economics Working Paper no. 00-21, 2000, 53 p. [= *Notre Dame Law Review*, 75 (1), 1999, pp. 221 e ss.].

LEDERMAN, Leandra – "Which cases go to trial?: an empirical study of predictors of failure to settle", in: *Case Western Reserve Law Review*, 49, Winter 1999, pp. 315-358.

LEONARD, Robert J. – "From parlor games to social science: von Neumann, Morgenstern, and the creation of game theory, 1928-1944", in: *Journal of Economic Literature*, 33 (2), June 1995, pp. 730-761.

LINDBLOM, P. H.; WATSON, G. D. – "Courts and lawyers facing complex litigation problems". In: VAZ, A. M. Pessoa (ed.) – *Role and Organization of Judges and Laywers in Contemporary Societies*. Coimbra-Lisboa, International Association for Procedural Law, 1995, pp. 421-494.

LOON, Francis Van; DELRUE, Stephane; WAMBEKE, Win Van – "Sociological research on litigation: perspectives and examples", in: *European Journal of Law and Economics*, 2 (4), December 1995, pp. 379-385.

LYNCH, Horacio M.; GUISSARI, Mariana – "La justicia y la economía". In: AA.VV. – *Justicia & Desarrollo Económico*. Buenos Aires, FORES/Consejo Empresario Argentino, 1999, pp. 20-43.

MAGUAIN, Denis – "Les théories de la justice distributive post-rawlsiennes: une revue de la littérature", in: *Revue Économique*, 53 (2), Mars 2002, pp. 165-199.

MAILATH, George J. – "Do people play Nash equilibrium? Lessons from evolutionary game theory", in: *Journal of Economic Literature*, 36 (3), 1998, pp. 1347-1374.

MAIN, Brian G. M.; PARK, Andrew – "An experiment with two-way offers into court: restoring the balance in pre-trial negotiation". Edinburgh, Univ. of Edinburgh, Department of Economics, Discussion Paper no. 98-05, 1998, 25 p..

MAIN, Brian G. M.; PARK, Andrew – "Pre-trial negotiation with asymmetric information: some experimental results". Edinburgh, University of Edinburgh, Department of Economics, Discussion Paper, 2003, 42 p..

MAIN, Brian G. M.; PARK, Andrew – "Pre-trial settlement: who's for two-way offers?". Edinburgh, Univ. of Edinburgh, Department of Economics, Discussion Paper no. 99-01, 1999, 19 p. [= *Scottish Law and Practice Quarterly*, 4 (1), Jan. 1999, pp. 30-39].

MAIN, Brian G. M.; PARK, Andrew – "The british and american rules: an experimental examination of pre-trial bargaining in the shadow of the law". Edinburgh, Univ. of Edinburgh, Department of Economics, Discussion Paper no. 98-03, 1998, 25 p. [= *Scottish Journal of Political Economy*, 47 (1), Febr. 2000, pp. 37--60].

MAIN, Brian G. M.; PARK, Andrew – "The impact of defendant offers into court on negotiation in the shadow of the law: experimental evidence". Edinburgh, Univ. of Edinburgh, Department of Economics, Discussion Paper no. 98-04, 1998, 30 p. [= *International Review of Law and Economics*, 22 (2), Aug. 2002, pp. 177--192].

MAIN, Brian G. M.; PEACOCK, Alan – "What price civil justice?". Edinburgh, Univ. of Edinburgh, Department of Economics, Discussion Paper no. 98-27, 1998, 35 p. [posteriormente publicado em livro com comentário de Bruce Benson: *What price civil justice?*. London, Institute of Economic Affairs, 2000, 96 p.].

MANZINI, Paola; MARIOTTI, Marco – "A model of bargaining with the possibility of arbitration". Exeter / London, *paper*, August 1997, 36 p..

MANZINI, Paola; MARIOTTI, Marco – "Arbitration and mediation: an economic perspective". Bonn, IZA [Forschungsinstitut zur Zukunft der Arbeit], Discussion Paper no. 528, July 2002, 22 p. [= *European Business Organization Law Review*, 3 (3), 2002, pp. 629-648].

MARKS, Robert E. – "Rising legal costs". In: FOX, Russell – *Justice in the Twenty-First Century*. London, Cavendish Publishing, 1999, 8 p. [*Chapter* 15].

MARTIN, Jacques – "Administration de la justice et techniques de management: l'exemple anglais", in: *Revue Internationale de Droit Economique*, t. XIII, 2, 1999, pp. 267-280.

MCCALL, Brian P. – "Final offer arbitration and the incentive to bargain: a principal--agent approach". Princeton [New Jersey], Princeton University, Working Paper no. 233, June 1988, 24 p. + 3 figs..

MCGEE, Robert W. – "Who really benefits from liability litigation?". N.J., The Dumont Institute for Public Policy Research, Working Paper no. 24, July 1996, 11 p..

MICELI, Thomas J. – "Plea bargaining and deterrence: an institutional approach", in: *European Journal of Law and Economics*, 3 (3), Sept. 1996, pp. 249-264.

MICELI, Thomas J. – *Economics of the Law*. New York, OUP, 1997.

MICELI, Thomas J. – "Dispute resolution". In: BACKHAUS, Jürgen G. (ed.) – *The Elgar Companion to Law and Economics*. Cheltenham, Edward Elgar, 1998, pp. 219-229.

MNOOKIN, Robert H. – "Alternative dispute resolution". Harvard, Center for Law, Economics, and Business, Harvard Law School, Discussion Paper no. 232, March 1998, 9 p..

MORGENSTERN, Oskar; NEUMANN, John Von – *Theory of Games and Economic Behaviour*. Princeton, Princeton University Press, 1947.

MOULIN, Hervé – "Une évaluation de la théorie des jeux coopératifs", in: *Revue d'Économie Politique*, 105e Année, n.º 4, Juillet-Août 1995, pp. 617-631.

MYERSON, Roger B. – "Nash equilibrium and the history of economic theory", in: *Journal of Economic Literature*, 37 (3), Sept. 1999, pp. 1067-1082.

NEWMAN, Peter – *The New Palgrave Dictionary of Economics and the Law*. London, MacMillan Reference Limited, vols. 2 et 3, 1998.

NIETO, Rafael Mary – "La demanda por justicia. Un problema de política pública". Santiago, Universidad de Chile, Estudio de Caso n.º 65, 2002, 45 p..

OGUS, Anthony I. (ed.) – *Regulation, Economics and the Law*. Cheltenham, Edward Elgar, 2001.

OSBORNE, Martin J.; RUBINSTEIN, Ariel – "Games with procedurally rational players", in: *American Economic Review*, 88 (4), Sept. 1998, pp. 834-847.

OYER, Paul; SCHAEFER, Scott – "Layoffs and litigation", in: *Rand Journal of Economics*, 31 (2), 2000, pp. 345-358.

OYER, Paul; SCHAEFER, Scott – "Litigation costs and returns to experience", in: *American Economic Review*, 92 (3), June 2002, pp. 683-705.

PALOMINO, Manuel Morón (dir.) – *El Proceso Civil y su Reforma*. Madrid, Editorial Colex, 1998.

PANTHER, Stephan – "Non-legal sanctions". In: BOUCKAERT, Boudewijn; DE GEEST, Gerrit (eds.) – *Encyclopedia of Law and Economics. Volume V. The Economics of Crime and Litigation*. Cheltenham, Edward Elgar, 2000, pp. 999-1027.

PARISI, Francesco – "Rent-seeking through litigation: adversarial and inquisitorial systems compared". Arlington, George Mason University, Working Paper no. 00-28, 2001, 36 p. [= *International Review of Law and Economics*, 22 (2), August 2002, pp. 193-216].

PARISI, Francesco – "The cost of the game: a taxonomy of social interactions", in: *European Journal of Law and Economics*, 9 (2), March 2000, pp. 99-114.

PICKER, Randal C. – "An introduction to game theory and the law". Chicago, University of Chicago Law and Economics Working Paper no. 22, June 1994, 20 p..

PICKER, Randal C. – "Simple games in a complex world: a generative approach to the adoption of norms". Chicago, University of Chicago Law and Economics Working Paper no. 48, June 1997, 63 p. [= *Chicago Law Review*, 64, Fall 1997, pp. 1225-1288].

PISTOR, Katharina – "Supply and demand for contract enforcement in Russia: courts, arbitration, and private enforcement", in: *Review of Central and East European Law*, 22 (1), Jan. 1996, pp. 55-87.

POLINSKY, A. Mitchell; SHAVELL, Steven – "Punitive damages". In: BOUCKAERT, Boudewijn; DE GEEST, Gerrit (eds.) – *Encyclopedia of Law and Economics. Volume V. The Economics of Crime and Litigation*. Cheltenham, Edward Elgar, 2000, pp. 764-781.

POLINSKY, A. Mitchell; RUBINFELD, Daniel L. – "A note on settlements under the contingent fee method of compensating lawyers". Berkeley, Berkeley Olin Program in Law & Economics, Working Paper no. 57, September 2001, 12 p. [= *International Review of Law and Economics*, 22 (2), August 2002, pp. 217-225].

POLINSKY, A. Mitchell; RUBINFELD, Daniel L. – "Aligning the interests of lawyers and clients". Berkeley, Berkeley Olin Program in Law & Economics, Working Paper no. 56, August 2001, 23 p. [= *American Law and Economics Review*, 5 (1), Spring 2003, pp. 165-188].

POLINSKY, A. Mitchell; RUBINFELD, Daniel L. – "Optimal awards and penalties when the probability of prevailing varies among plaintiffs". Standford/Berkeley, Standford University, University of California, *paper (final version)*, Dec. 1995, 28 p. [= *Rand Journal of Economics*, 27 (2), Summer 1996, pp. 269-280].

POLINSKY, A. Mitchell; SHAVELL, Steven – "The economic theory of public enforcement of law". Cambridge (MA), NBER Working Paper Series, Working Paper no. 6993, March 1999, 54 p. [= *Journal of Economic Literature*, 38 (1), 2000, pp. 45-76].

POLINSKY, A. Mitchell; SHAVELL, Steven – "The fairness of sanctions: some implications for optimal enforcement policy", in: *American Law and Economics Review*, 2 (2), 2000, pp. 223-237.

POSNER, Eric A. – "A theory of contract law under conditions of radical judicial error". Chicago, University of Chicago Law and Economics Working Paper no. 80, August 1999, 34 p. [= *Northwestern University Law Review*, 94, 2000, pp. 749 e ss.].

POSNER, Eric A. – "Law and the emotions". Chicago, University of Chicago Law and Economics Working Paper no. 103, September 2000, 32 p. [= *Georgetown Law Journal*, 89 (7), 2001, pp. 1977 e ss.].

POSNER, Richard A. – "An economic approach to legal procedure and judicial administration". In: POSNER, Richard A. [ed. Francesco Parisi] – *The Economic Structure of the Law. The Collected Economic Essays of Richard A. Posner, Volume One*. Cheltenham, Edward Elgar, 2000, pp. 290-349.

POSNER, Richard A. – "Comment: responding to Gordon Tullock". In: POSNER, Richard A. [ed. Francesco Parisi] – *The Economic Structure of the Law. The Collected Economic Essays of Richard A. Posner, Volume One*. Cheltenham, Edward Elgar, 2000, pp. 360-364.

POSNER, Richard A. – "What do judges and justices maximize?". In: POSNER, Richard A. [ed. Francesco Parisi] – *The Economic Structure of the Law. The Collected Economic Essays of Richard A. Posner, Volume One*. Cheltenham, Edward Elgar, 2000, pp. 219-258.

POSNER, Richard A. – *Economic Analysis of Law*. Boston, Little Brown and Company, 1986.

POSNER, Richard A. – *Economic Analysis of Law*. New York, Aspen Law & Business, Fifth Edition [1.ª ed.: 1973], 1998.

POSNER, Richard A.; RASMUSEN, Eric B. – "Creating and enforcing norms, with special reference to sanctions", in: *International Review of Law and Economics*, 19 (3), September 1999, pp. 369-382.

PRIEST, George L.; KLEIN, Benjamin (1984) – "The selection of disputes for litigation". In: POSNER, Richard A.; PARISI, Francesco (eds.) – *Law and Economics. Volume 1*. Cheltenham, Edward Elgar, 1997, pp. 183-237.

RACHLINSKI, Jeffrey J. – "Gains, losses, and the psychology of litigation", in: *Southern California Law Review*, 70 (1), Nov. 2001, pp. 113-185.

RAMSEYER, J. Mark; RASMUSEN, Eric B. – "Why is the japanese conviction rate so high?", in: *Journal of Legal Studies*, 30 (1), Jan. 2001, pp. 53-88 [= John M. Olin Discussion Paper, September 1998, 32 p.].

RASMUSEN, Eric – "Nuisance suits". Indiana, Indiana University School of Business, *paper*, October 1996, 13 p..

RASMUSEN, Eric – "Predictable and unpredictable error in tort awards: the effect of plaintiff self-selection and signaling". Indiana, University School of Business, *paper*, June 1995, 33 p. [= *International Review of Law and Economics*, 15 (3), September 1995, pp. 323-345].

RASMUSEN, Eric – *Games and Information. An Introduction to Game Theory*. Cambridge, Cambridge University Press, 1989.

RECHBERGER, Walter H.; KLICKA, Thomas (orgs.) – *Procedural Law on the Threshold of a new Millennium*. Wien, XI World Congress on Procedural Law, Manzsche Verlags, 2002, 562 p..

ROSAS, Christina M. – "Mandatory pro bono publico for law students: the right place to start", in: *Hofstra Law Review*, 30 (3), Spring 2002, pp. 1069-1092.

RUBIN, Paul H.; CURRAN, Christopher; CURRAN, John F. – "Litigation versus legislation: forum shopping by rent-seekers". Atlanta (GA), Emory University,

Department of Economics, *paper*, October 1999, 27 p. [= *Public Choice*, 107 (3-4), 2001, pp. 295 e ss.].

RUBINFELD, Daniel L. – "Econometrics in the courtroom", in: *Columbia Law Review*, 85 (5), June 1985, pp. 1048-1097.

RULLIÈRE, Jean-Louis – "L'indétermination et la méthode de John F. Nash", in: *Revue Économique*, 51 (5), Septembre 2000, pp. 1169-1184.

RULLIÈRE, Jean-Louis; WALLISER, Bernard – "De la spécularité à la temporalité en théorie des jeux", in: *Revue d'Économie Politique*, 105e Année, n.° 4, Juillet--Août 1995, pp. 601-615.

SAMPSON, John J. – "Bringing the courts to hell: substituting legislative policy for judicial discretion". Austin, University of Texas School of Law, Public Law and Legal Theory, Working Paper no. 012, July 2000, 17 p..

SANCHIRICO, Chris W. – "Character evidence and the object of trial". Berkeley, University of California, Berkeley Olin Program in Law & Economics, Working Paper no. 33, 2001, 71 p. [= *Columbia Law Review*, 101 (6), Oct. 2001, pp. 1227-1306].

SANCHIRICO, Chris William – "The burden of proof in civil litigation: a simple model of mechanism design". Columbia, Columbia University, August 1996, 38 p. [= *International Review of Law and Economics*, 17 (3), Sept. 1997, pp. 431-447].

SANDERS, Pieter – *Quo Vadis Arbitration?* The Hague, Kluwer Law International, 1999.

SANTORE, Rudy; VIARD, Alan D. – "Legal fee restrictions, moral hazard, and attorney rents", in: *Journal of Law & Economics*, 44 (2), 2001, pp. 549-572.

SANTOS, Boaventura de Sousa *et al.* – *Os Tribunais nas Sociedades Contemporâneas. O Caso Português*. Porto, Edições Afrontamento, 1996.

SCHAEFER, Hans-Bernd – "The bundling of similar interests in litigation. The incentives for class action and legal actions taken by associations", in: *European Journal of Law and Economics*, 9 (3), May 2000, pp. 183-213.

SCHMIDT, Christian – "Confiance et rationalité. Sur quelques enseignements de la théorie des jeux", in: *Revue d'Économie Politique*, 107e Année, n.° 2, Mars-Avril 1997, pp. 183-203.

SCHMIDT, Christian – "Game theory and economics: an historical survey", in: *Revue d'Économie Politique*, 100e Année, n.° 5, 1990, pp. 589-618.

SCHMIDT, Christian – "Les héritiers hétérodoxes de von Neumann et Morgenstern", in: *Revue d'Économie Politique*, 105e Année, n.° 4, Juillet-Août 1995, pp. 559--582.

SCHMIDT, Christian – "Nash versus von Neumann et Morgenstern. Continuité ou rupture dans l'histoire récente de la théorie des jeux", in: *Revue Économique*, 46 (3), Mai 1995, pp. 1003-1014.

SCHOTTER, Andrew; ZENG, Wei; SNYDER, Blaine – "Bargaining through agents: an experimental study of delegation and commitment", in: *Games and Economic Behavior*, 30 (2), 2000, pp. 248-292.

SCHWARTZ, Warren F. – "Legal error". In: BOUCKAERT, Boudewijn; DE GEEST, Gerrit (eds.) – *Encyclopedia of Law and Economics. Volume V. The Economics of Crime and Litigation.* Cheltenham, Edward Elgar, 2000, pp. 1029-1040.

SEIDENFELD, Mark – *Microeconomic predicates to Law and Economics.* Cincinnati, Andersen Publishing Co., 1996.

SERVERIN, Évelyne – "De la statistique judiciaire civile et de ses usages", in: *Revue Internationale de Droit Economique*, t. XIII, 2, 1999, pp. 281-294.

SHAPARD, John E. – "Likely consequences of amendments to rule 68, federal rules of civil procedure". Washington D.C., Federal Judicial Center, 1995, 27 p. + Appendix.

SHAVELL, Steven – "Criminal law and the optimal use of nonmonetary sanctions as a deterrent". In: POSNER, Richard A.; PARISI, Francesco – *Law and Economics. Volume II.* Cheltenham, Edward Elgar, 1997, pp. 617-647.

SHAVELL, Steven – "Economic analysis of law". Harvard, Harvard Law School, Discussion Paper no. 283, June 2000, 18 p..

SHAVELL, Steven – "The social versus the private incentive to bring suit to a costly legal system", in: *Journal of Legal Studies*, 11 (2), 1982, pp. 333-339.

SORIN, Sylvain – "Bluff et réputation", in: *Revue d'Économie Politique*, 105e Année, n.º 4, Juillet-Août 1995, pp. 583-600.

SOUSA, Miguel Teixeira de – "As recentes alterações na legislação processual civil", in: *Revista da Ordem dos Advogados*, Ano 61, I, Jan. 2001, pp. 49-99.

SOUSA, Miguel Teixeira de – "Os paradigmas da acção executiva". In: PORTUGAL, Ministério da Justiça, Gabinete de Política Legislativa e Planeamento (ed.) – *A Reforma da Acção Executiva. Trabalhos Preparatórios.* Lisboa, I, 2002, pp. 105-113.

SOUSA, Miguel Teixeira de – *A Reforma da Acção Executiva.* Lisboa, Lex, 2004.

SOUSA, Miguel Teixeira de – *As Partes, o Objecto e a Prova na Acção Declarativa.* Lisboa, Lex, 1995, *maxime* pp. 97-117.

SOUSA, Miguel Teixeira de – *Estudos sobre o Novo Processo Civil.* Lisboa, Lex, 2.ª ed., 1997, *maxime* pp. 9-89.

SOUSA, Miguel Teixeira de – *O Interesse Processual na Acção Declarativa.* Lisboa, AAFDL, 1989.

STEPHAN III, Paul B. – "Redistributive litigation – judicial innovation, private expectations and the shadow of international law". Virginia, University of Virginia School of Law, Working Paper no. 01-04, Dec. 2001, 59 p..

STERN, Nat – "Private concerns of private plaintiffs: revisiting a problematic defamation category". Tallahasse, Florida State University College of Law, Public Law and Legal Theory Working Paper no. 08, March 2000, 122 p. [= *Missouri Law Review*, 65, 2000, pp. 597 e ss.].

SUNSTEIN, Cass R. – "Behavioral analysis of law", in: *Chicago Law Review*, 64 (4), 1997, pp. 1175-1195.

SUNSTEIN, Cass R.; KAHNEMAN, Daniel; SCHKADE, David; RITOV, Ilana – "Predictably incoherent judgements", in: *Stanford Law Review*, 54 (6), 2002, pp. 1153-1216.

SUNSTEIN, Cass R.; SCHKADE, David; KAHNEMAN, Daniel – "Do people want optimal deterrence?". Chicago, John M. Olin Law & Economics Working Paper no. 77, June 1999, 23 p. [= *Journal of Legal Studies*, 29 (1), 2000, pp. 237-53].

SUTTON, John – "Non-cooperative bargaining theory: an introduction", in: *The Review of Economic Studies*, 53 (5), 1986, pp. 709-724.

THORNTON, Robert; WARD, John – "The economist in tort litigation", in: *Journal of Economic Perspectives*, 13 (2), Spring 1999, pp. 101-112.

TOULMIN, John – "Reform to judicial procedures for the efficient resolution of commercial disputes", in: *Galileu, Revista de Direito e Economia*, vol. VII, n.º 1, 2002, pp. 7-27.

TULLOCK, Gordon – "Court errors", in: *European Journal of Law and Economics*, 1 (1), March 1994, pp. 9-21.

TULLOCK, Gordon – "On the desirable degree of detail in the law", in: *European Journal of Law and Economics*, 2 (3), Sept. 1995, pp. 199-209.

VAZ, A. M. Pessoa (ed.) – *Papel e Organização de Magistrados e Advogados nas Sociedades Contemporâneas*. Coimbra-Lisboa, IX Congresso Mundial de Direito Judiciário, Relatórios Gerais, 1995.

VEREECK, Lode; MÜHL, Manuela – "An economic theory of court delay", in: *European Journal of Law and Economics*, 10 (3), Nov. 2000, pp. 243-268.

VISCUSI, W. Kip – "What do judges think about risk?", in: *American Law and Economics Review*, 1 (1/2), 1999, pp. 26-62.

VISCUSI, W. Kip – "The regulation-litigation interaction". Harvard, AEI-Brookings Joint Center for Regulatory Studies, Working Paper no. 01-13, Oct. 2001, 23 p..

WALDFOGEL, Joel – "Reconciling asymmetric information and divergent expectations theories of litigation". Cambridge (MA), NBER Working Paper no. 6409, 1998, 29 p. [= *Journal of Law & Economics*, 41 (2), 1998, pp. 451-476].

WALLISER, Bernard – "Les justifications des notions d'équilibre de jeux", in: *Revue d'Économie Politique*, 112e Année, n.º 5, Sept.-Oct. 2002, pp. 693-716.

WIJCK, Peter Van; VELTHOVEN, Ben Van – "An economic analysis of the american and continental rule for allocating legal costs", in: *European Journal of Law and Economics*, 9 (2), March 2000, pp. 115-125.

YEAZELL, Stephen C. – "Re-financing civil litigation". L.A., University of California School of Law, Research Paper no. 02-12, 36 p. [= *DePaul Law Review*, 51 (2), Winter 2001, pp. 183-217].

ZANDER, Michael – "Will the revolution in the funding of civil litigation in England eventually lead to contingency fees?". Chicago, DePaul University, April 2002, 31 p. [= *DePaul Law Review*, 52 (2), Winter 2002, pp. 259-297].

ZERBE Jr., Richard O. – *Economic Efficiency in Law and Economics*. Cheltenham, Edward Elgar, 2001.

ZUCKERMAN, Adrian A. S. – "Le coût du procès en Angleterre", in: *Revue Internationale de Droit Economique*, t. XIII, 2, 1999, pp. 253-265.

ÍNDICE GERAL